ŒUVRES COMPLÈTES

DE

SIR WALTER SCOTT.

Traduction Nouvelle.

PARIS,

A. SAUTELET ET Cᵒ ET CHARLES GOSSELIN

LIBRAIRES-ÉDITEURS.

M DCCC XXVI.

ŒUVRES COMPLÈTES

DE

SIR WALTER SCOTT.

TOME ONZIÈME.

IMPRIMERIE DE H. FOURNIER,
RUE DE SEINE, N° 14.

WAVERLEY,

ou

IL Y A SOIXANTE ANS.

(𝔚𝔞𝔳𝔢𝔯𝔩𝔢𝔶, 𝔬𝔯 𝔰𝔦𝔵𝔱𝔶 𝔶𝔢𝔞𝔯𝔰 𝔰𝔦𝔫𝔠𝔢.)

TOME PREMIER.

———

Sous quel prince sers-tu ? parle, vaurien, ou meurs ! »
SHAKSPEARE. *Henry IV*, partie II.

PRÉFACE

DE LA TROISIÈME ÉDITION DE WAVERLEY (1).

Cette légère esquisse des anciennes mœurs de l'Écosse a reçu du public un accueil plus flatteur que l'auteur n'osait l'espérer ou l'attendre. Il a vu, avec un mélange d'humble reconnaissance et de satisfaction, son ouvrage

(1) La première édition de Waverley date de 1813. Nous avons cru nécessaire d'être un peu moins sobre de notes dans ce roman qui transporte le lecteur pour la première fois au milieu de l'Écosse. Il est important de se familiariser, avant de lire ceux qui l'ont suivi, avec une infinité de mots qui appartiennent spécialement aux localités de l'Écosse et qui seront reproduits dans la série de romans destinés à faire connaître les usages et les mœurs quelquefois étranges des habitans des hautes terres (*Highlands*) et des basses terres (*Lowlands*). On pourra même regretter parfois l'absence de quelques éclaircissemens qui ont manqué à l'éditeur, mais qui pourront être recueillis dans la *Notice* formant le premier volume des *OEuvres complètes*. Le lecteur peut aussi consulter les différens ouvrages cités dans plusieurs notes, et entre autres les *Lettres de Burt*, celles de *mistress Grant*, et l'histoire (un peu trop militaire peut-être) du colonel Stewart *sur les régimens écossais*. — Éd.

attribué à plus d'un écrivain distingué. Des considérations particulières l'empêchent de placer son nom en tête de son livre pour faire cesser de fausses suppositions; de sorte que pour le présent il restera incertain si WAVERLEY est l'œuvre d'un poète ou d'un critique, d'un homme de loi ou d'un ecclésiastique; ou si l'auteur, pour me servir de la phrase de mistress Malaprop (1), est comme Cerbère, — trois personnes à la fois. —

Ne voyant rien dans l'ouvrage lui-même, si ce n'est sa frivolité, qui l'empêche de trouver un père consentant à le reconnaître, je laisse à la candeur du public le soin de deviner, parmi les différentes considérations particulières aux différens états de la vie, celles qui peuvent m'engager à supprimer mon nom. Je puis être un débutant dans la carrière littéraire, et peu désireux d'avouer un titre auquel je ne suis pas accoutumé. Je puis être un auteur usé, honteux de m'être montré trop souvent, et qui ai recours à ce mystère comme l'héroïne de l'ancienne comédie se servait de son masque pour attirer l'attention de ceux à qui son visage était devenu trop familier. Je puis appartenir à une grave profession, et craindre que la réputation de romancier ne me fasse tort. Je suis peut-être un homme du monde de la part de qui toute prétention d'écrire paraîtrait pédantesque. Je puis enfin être trop jeune pour prendre le titre d'écrivain, ou si avancé en âge qu'il serait con-

---

(1) Personnage ridicule *des Rivaux*, comédie de Shéridan. Un des traits caractéristiques de mistress Malaprop, c'est la manie de parler *mal-à-propos* et de s'exprimer en estropiant quelquefois la langue de manière à donner lieu à de singuliers quiproquo. —ÉD.

PRÉFACE.

venable d'y renoncer (1). — J'ai entendu faire l'objection que, dans le personnage de Callum Beg et dans le compte rendu par le baron de Bradwardine de ces petits attentats contre la propriété dont il accuse les Highlanders (2), j'ai traité sévèrement et injustement leur caractère national. Rien ne pouvait être plus loin de mes intentions. Callum Beg est un personnage enclin naturellement au mal et poussé par les circonstances de sa position à un genre particulier de méfaits. Ceux qui ont lu les curieuses *Lettres écrites des Highlands* (3), publiées en 1726, y ont trouvé des exemples de ces caractères atroces observés aussi par moi-même; il serait toutefois souverainement injuste de considérer de tels misérables comme les représentans de tous les Highlanders de cette époque, pas plus que les assassins de Marr et de Williamson (4) ne peuvent représenter les Anglais d'aujourd'hui : quant au pillage qu'exercent, dans WAVERLEY, quelques-uns des insurgés de 1745, on doit se souvenir que, bien que le passage de cette malheureuse armée ne fût marqué ni par le sang ni par la dévastation, et qu'on ne puisse au contraire qu'admirer

(1) Cette déclaration d'anonyme mérite d'être remarquée, l'auteur ayant si bien tenu parole depuis son premier roman. — ÉD.

(2) *Habitans des hautes-terres*; nous emploierons quelquefois ce mot local au lieu de celui de montagnards écossais. — ÉD.

(3) *Letters from the Highlands*. Ce titre n'est pas le titre exact de l'ouvrage dont parle ici l'auteur, et déjà cité plusieurs fois dans les notes de la *Dame du Lac*. Il s'agit des *Lettres du capitaine Burt*, dans lesquelles il est fait mention du fameux chef Barasdale qu'on suppose avoir servi de modèle au portrait de Fergus Mac Ivor. — ÉD.

(4) Tous les membres des familles de *Marr* et de *Williamson* furent assassinés à Londres peu avant l'époque où parut cette préface. — ÉD.

le bon ordre de sa marche, cependant aucune armée ne traverse hostilement un pays sans quelques dégâts. Plusieurs des méfaits que le baron reproche en riant aux montagnards rebelles leur furent réellement imputés dans le temps. C'est ce dont on trouve la preuve dans plusieurs traditions, et surtout dans celle qui nous a été transmise sur le Chevalier du Miroir.

WAVERLEY,

ou

IL Y A SOIXANTE ANS.

(𝔚𝔞𝔳𝔢𝔯𝔩𝔢𝔶, 𝔬𝔯 𝔰𝔦𝔵𝔱𝔶 𝔶𝔢𝔞𝔯𝔰 𝔰𝔦𝔫𝔠𝔢.)

CHAPITRE PREMIER

SERVANT D'INTRODUCTION.

Le titre de cet ouvrage n'a été choisi qu'après les graves et profondes réflexions que doit faire l'homme sage dans une affaire importante. J'aurais pu, à l'exemple de plusieurs de mes devanciers, m'épargner des recherches pénibles, en me contentant de choisir dans l'histoire d'Angleterre le nom le plus sonore et le plus harmonieux, pour le donner à mon héros. Mais, hélas! qu'est-ce que mes lecteurs auraient pu attendre des noms chevaleresques de Howard, Mordaunt, Mortimer, Stanley;

ou d'un son plus sentimental et plus doux, tel que les noms de Belmour, Belville, Belfield, Belgrave? N'auraient-ils pas eu raison de craindre qu'on ne leur offrît un de ces livres frivoles baptisés de ces noms depuis un demi-siècle? J'avouerai franchement que je me méfie trop de mon mérite pour aller contre des préventions reçues. A l'imitation de ces jeunes chevaliers qui se présentaient pour la première fois dans la lice, avec un bouclier sans devise, je me suis contenté de donner à mon héros le titre simple de *Waverley*, nom sans tache, auquel le lecteur attachera l'épithète que bon lui semblera.

Mais le choix de mon second titre, qui est le supplément du premier, était une affaire bien autrement difficile. Ne devait-il pas me faire contracter l'engagement de suivre un plan déterminé, de dessiner tel et tel caractère, et de décrire tels et tels événemens? Si, par exemple, j'avais intitulé mon livre : *Waverley, histoire du temps jadis,* quel est le lecteur de romans qui n'eût dit de suite : — Nous allons trouver un autre château d'Udolphe (1), dont l'aile de l'orient n'aura pas été habitée depuis près d'un demi-siècle; les clefs auront été égarées ou confiées à une vieille femme de charge ou au sommelier, qui, marchant d'un pas mal assuré au milieu du deuxième volume, devaient nécessairement servir de guide au héros ou à l'héroïne à travers les appartemens en ruines? — Le hibou et le grillon n'auraient-ils pas chanté dès la première page? — Ne me serais-je pas imposé l'obligation de n'égayer mon récit que par les plai-

(1) Allusion au roman bien connu des *Mystères d'Udolphe.* Voyez la Biographie de mistress Radcliffe, par sir Walter Scott. — Éd.

santeries d'un serviteur rustique, mais fidèle, ou par le caquet de la femme de chambre racontant les histoires d'horreur et de sang entendues dans l'antichambre? — Si j'avais mis : *Waverley, histoire traduite de l'allemand*, quel eût été le lecteur assez borné pour ne pas se représenter un abbé sans mœurs, un duc oppresseur, une association mystérieuse entre les Rose-croix et les Illuminés, des draps mortuaires, des ombres sanglantes, des cavernes, des machines électriques, des chausses-trappes, des lanternes sourdes, etc.? — Si je m'étais avisé d'appeler mon ouvrage une *histoire sentimentale*, etc., n'aurais-je pas fait deviner une héroïne avec de nombreuses boucles de cheveux châtains, et une harpe, douce consolation de ses heures solitaires, qu'elle trouve toujours heureusement le moyen de transporter dans les châteaux et les chaumières, quoiqu'elle soit elle-même obligée de sauter quelquefois par une fenêtre, et qu'elle s'égare souvent dans ses voyages à pied, sous la conduite d'une jeune paysane dont elle peut à peine comprendre le jargon? — Si j'avais intitulé mon Waverley, *Histoire moderne*, quel est le lecteur qui ne se serait empressé de me demander un tableau du monde *fashionable*, quelques anecdotes scandaleuses et légèrement gazées, ou peut-être dans toute leur nudité, ce qui réussit encore mieux, avec une héroïne de Grosvenor-Square (1), un membre du club des *Barouches* (2), ou de celui des carrosses à quatre chevaux (3), et une bande de personnages secondaires

(1) Quartier du *beau monde* à Londres. — Éd.
(2) Espèce de voiture. — Éd.
(3) Le club des *Barouches* et surtout celui des *Four-in-hand*, (voitures à quatre chevaux) réunissent l'élite de tout ce qu'il y a de plus *fashionable* à Londres parmi les *dandys*, amateurs de

choisis parmi les élégans de Queen-Anne-Street-East, ou les héros brillans de Bow-Street-Office (1)?

Je pourrais, avec plus de détail encore, démontrer l'importance d'un titre, et en même temps faire parade de ma vaste science sur la composition des romans et des nouvelles de tous les genres ; mais c'est assez ; et je dédaigne de fatiguer plus long-temps mon lecteur, impatient sans doute de connaître le choix d'un auteur si versé dans son art.

En fixant l'époque de cette histoire soixante ans avant celle où j'écris (1er novembre 1805) (2), je préviens le lecteur que je ne veux lui donner ni un roman de chevalerie, ni une nouvelle sur les mœurs du jour. Mon héros n'aura point de cuirasse sur son corps, comme c'était l'usage il y a plusieurs siècles, ni de fers à ses bottes, comme c'est la mode à Bond-Street (3); mes demoiselles ne seront ni enveloppées d'un manteau d'écarlate comme la lady Alice d'une ancienne ballade, ni réduites à la nudité primitive d'une fashionable moderne dans un *Rout* (4).

L'époque que j'ai choisie annonce que je m'appliquerai plus à peindre les hommes que les coutumes.

___

chevaux et de carrosses. On ne compte guère que douze membres du club des *Four-in-hand*. — Éd.

(1) *Bow-Street-Office*, les bureaux de police où les filous sont conduits et jugés, etc. — Éd.

(2) Nous avons déjà remarqué que Waverley, composé en 1805, n'a été publié qu'en 1813-14. — Éd.

(3) Rue marchande du beau quartier de Londres, rendez-vous des belles dames et des élégans, tous les jours de 3 à 5 heures. — La rue Vivienne de Paris. — Éd.

(4) Grande soirée du beau monde, où il est du bon ton de réunir une foule ou plutôt une cohue. — Éd.

Une histoire de mœurs, pour intéresser, doit nous transporter dans un siècle assez reculé pour que ces mœurs soient devenues vénérables, ou bien être comme le miroir des scènes qui se passent chaque jour sous nos yeux et qui nous amusent par leur nouveauté. C'est ainsi que les cottes de mailles de nos ancêtres, et les pelisses à triple fourrure de nos *Beaux* (1) modernes, peuvent convenir également à tous les personnages d'une fiction; mais quel écrivain désireux de faire impression par le costume de son héros voudrait le parer de l'habit de cour du règne de Georges II, sans collet, à larges manches et à poches basses. Nous en pouvons dire autant des châteaux gothiques, qui, avec leurs sombres vitraux peints, leur toit élevé et leurs vastes tables de chêne couvertes de hures de sanglier, de faisans, de paons, de grues, de cygnes, peuvent produire un grand effet. On peut en produire beaucoup encore en décrivant une fête moderne, comme celles que nous trouvons journellement racontées dans cette partie d'un journal intitulée *Mirror of Fashion* (2). Si l'on fait contraster l'une ou l'autre de ces descriptions avec la froide magnificence d'un repas donné il y a soixante ans, on reconnaîtra combien le peintre des coutumes antiques ou celui des coutumes modernes ont d'avantages sur l'écrivain qui retrace celles de la génération précédente. Comprenant donc combien peu mon sujet prêtait aux descriptions, j'avertis que j'ai voulu les éviter autant que possible,

(1) Mot français devenu anglais et signifiant un petit-maître, un *dandy*. — Éd.

(2) Le *Miroir de la mode*. C'est le titre de la colonne du journal consacrée à la relation détaillée des routs, soirées, bals, grands dîners, etc. — Éd.

pour exciter l'intérêt en m'occupant plutôt des caractères et des passions de mes personnages. Ces passions sont les mêmes dans tous les états de la société : elles ont également agité le cœur humain sous le corselet d'acier du seizième siècle, sous les habits à brocard du dix-huitième, comme sous le frac bleu et le gilet de basin blanc de nos jours. Sans doute ces passions reçoivent une couleur nouvelle de l'état différent des mœurs et des lois ; mais, pour emprunter le langage du blason, l'empreinte de l'armoirie reste la même quoique les couleurs soient non-seulement changées, mais presque contradictoires. La colère de nos pères, par exemple, était fond de *gueules* (1), éclatant contre les objets de leur inimitié par des actes de violence et de sang. Notre haine à nous qui cherche à se satisfaire par des voies détournées et à miner les remparts qu'elle ne peut renverser ouvertement, peut être très-bien représentée par la couleur *sable* (2) ; mais le sentiment d'impulsion est le même. — Le pair orgueilleux, qui de nos jours ne peut plus ruiner son voisin que selon la loi par un procès traîné en longueur, est le vrai descendant de ce baron qui ne craignait pas de mettre le feu au château de son rival, et l'assommait de sa main, s'il cherchait à s'échapper à travers les flammes.

Mon livre est un chapitre du grand livre de la nature, toujours nouveau, malgré les mille éditions qu'on en a faites, — soit en caractères gothiques, soit en caractères modernes sur papier satiné. — J'ai trouvé des sujets heureux de contraste dans l'état de société qui régnait dans le nord de cette ile à l'époque où j'ai placé

(1) Couleur rouge. — Éd.
(2) Noire. — Éd.

mon histoire. J'en profiterai pour varier et faire ressortir la morale de mes récits que je voudrais bien considérer comme la partie la plus importante de mon plan; je sais toutefois que ce but utile serait manqué, si je ne parvenais à amuser en même temps qu'à instruire; — Tâche bien plus difficile à remplir dans cette génération critique qu'elle ne l'était *il y a soixante ans* (1).

(1) Ce premier chapitre est remarquable, comme étant une imitation des chapitres préliminaires de l'auteur de *Tom Jones*. Quant aux doctrines littéraires qu'il contient, elles ne s'appliquent qu'à *Waverley*. — Éd.

CHAPITRE II.

Le château de Waverley-Honour. — Un coup-d'œil sur le passé.

Il y a soixante ans qu'Édouard Waverley, le héros de cet ouvrage, quitta sa famille pour joindre le régiment de dragons dans lequel il venait d'obtenir une commission d'officier. Ce fut un jour de tristesse au château de Waverley-Honour, que celui où le jeune militaire prit congé de sir Everard, l'oncle affectionné dont il était l'héritier. Une différence d'opinions avait brouillé le baronnet avec son plus jeune frère Richard, père de notre héros. Sir Everard avait hérité de tous les préjugés de Tory ou d'Anglican (1), par lesquels s'était toujours fait remarquer la maison de Waverley

(1) *High-Church*. La haute église : c'est-à-dire *l'épiscopat anglican*. Il y a toujours eu une alliance intime entre les opinions religieuses et les opinions politiques en Angleterre depuis la réforme. — Éd.

depuis la grande guerre civile. Richard, au contraire, plus jeune de dix ans, se trouvant réduit à l'humble fortune de cadet, jugea qu'il n'y avait pour lui ni honneur ni avantage à jouer le rôle de Will Wimble (1). Il s'aperçut de bonne heure que, pour faire son chemin dans le monde, il ne devait se charger que de peu de bagages. Si les peintres trouvent beaucoup de difficultés lorsqu'ils ont à représenter plusieurs passions en même temps, sur une même figure, les moralistes ne seraient pas moins embarrassés pour analyser les motifs de la plupart de nos actions. Richard Waverley, après avoir formé son opinion par l'histoire et des argumens plausibles, se dit dans les termes de la vieille chanson :

> Métier de dupe est cette obéissance ;
> Fi ! c'est d'ailleurs de la non-résistance.

La raison n'aurait pas suffi, sans doute, pour détruire entièrement ses préjugés héréditaires, si Richard avait pu prévoir que son frère, par suite d'un premier amour malheureux, se piquerait contre le sexe jusqu'à garder

(1) C'est-à-dire de *complaisant*. William Wimble est un des caractères les plus originaux de la création d'Addisson dans le *Spectateur*. Will Wimble, frère cadet d'un baronnet d'une ancienne famille, n'étant élevé pour aucun état, n'ayant droit, comme cadet, à aucune fortune, vit avec son frère en qualité de *sur-intendant des chasses*. Il est plus adroit qu'homme au monde dans tous les petits métiers de l'homme oisif. Il excelle à faire des lignes, des jarretières, des mèches de fouet, des filets. Toute son occupation est de se rendre agréable aux uns et aux autres par de petits services et de petits cadeaux de sa façon : ce qui rend Will le favori de toute la contrée, etc. Voyez le n. 108 du *Spectateur*. — Éd.

le célibat pendant soixante-douze ans. La perspective d'un brillant héritage, quelque éloigné qu'il fût, l'aurait déterminé sans doute à se contenter durant la majeure partie de sa vie d'être désigné comme Master Richard du château, le frère du baronnet, dans l'espoir d'être un jour avant de mourir sir Richard Waverley de Waverley-Honour, propriétaire d'un noble domaine, l'homme le plus important du comté. Mais comment Richard aurait-il pu faire ce calcul, lorsque sir Everard était encore à la fleur de l'âge, et sûr de pouvoir choisir une épouse dans presque toutes les familles, soit qu'il recherchât la fortune, soit qu'il préférât la beauté? Le bruit même de son mariage amusait les voisins une fois l'année régulièrement. Son frère ne vit d'autre moyen d'indépendance que dans son projet d'être tout par lui-même, et d'adopter une croyance politique plus d'accord avec sa raison et ses intérêts que la foi héréditaire vouée par les Everard à l'épiscopat et à la maison de Stuart. Il commença en conséquence sa carrière par une rétractation, et entra dans le monde comme un Whig déclaré et un partisan de la maison de Hanovre (1).

(1) On emploie assez fréquemment les mots *whig* et *tory* sans en connaître l'étymologie, et cela, non-seulement en France, mais encore en Angleterre. Il est cependant à désirer dans l'intérêt de l'histoire que l'étymologie des sobriquets de parti ne se perde pas : et ce serait un dictionnaire fort curieux que celui de ces noms qui se sont tant multipliés en France depuis la révolution. *Whig*, contraction de *whig a more*, est un mot dont se servent les paysans de l'ouest de l'Écosse pour faire avancer leurs chevaux, dans ce sens que *to whig* signifie aller vite : *whig a more*, aller plus vite. Les paysans de ces cantons furent ainsi nommés dans une insurrection qu'ils firent en 1648, et leur surnom depuis fut appliqué aux covenantaires, aux mécontens et à l'opposition anti-

Le ministère, à cette époque, s'occupait prudemment d'affaiblir les rangs de l'opposition. La noblesse Tory, redevable de son éclat au soleil de la cour, se réconciliait peu à peu avec la nouvelle dynastie; mais les riches gentilshommes de province, classe qui avec un reste des anciennes mœurs et de l'intégrité primitive, conservait aussi beaucoup de préjugés et d'obstination en affectant une opposition boudeuse et hautaine, jetaient plusieurs fois un regard de regret et d'espérance sur Bois-le-Duc, Avignon et l'Italie (1). L'avancement du parent d'un de ces chefs inflexibles était considéré comme un moyen de multiplier les conversions. Richard Waverley fut donc accueilli des ministres avec une faveur bien au-dessus de son mérite et de son importance politique : on reconnut cependant qu'il n'était pas sans talens pour les affaires publiques, et, sa première admission au lever du ministre ayant été négociée, son succès fut rapide.

Sir Everard apprit, par la Lettre sur les nouvelles publiques (2), 1° que Richard Waverley, esquire, était

royaliste. Ce surnom n'est plus tant démocratique depuis que les *whigs* ont aussi leur aristocratie.

On appelle aussi whig en écossais une espèce de petit lait ou crème aigre.

Les voleurs en Irlande ont les mots *torie me*, donnez-moi (c'est-à-dire donnez-moi la bourse), d'où l'on fit *tory*, voleur; et ce titre, qui rappellera celui de brigand dont on fut naguère si libéral en France, fut donné aux partisans de Jacques II; parce que parmi ses partisans se trouvaient nécessairement beaucoup d'Irlandais, comme catholiques. Nous tenons cette double étymologie de sir Walter Scott lui-même. — Éd.

(1) Suivant la résidence des Stuarts sur le continent — Éd.

(2) Journal désigné de nouveau quelques lignes plus bas : *Dyer's Weekly letter*. — Éd.

envoyé à la chambre par le bourg ministériel de *Barter faith* (1); 2° que Richard Waverley, esquire, s'était distingué dans la discussion du bill sur l'excise en faveur du gouvernement; 3° enfin, que Richard Waverley, esquire, venait d'être nommé à l'une de ces places où le plaisir de servir son pays est accompagné de gratifications importantes, et d'autant plus agréables qu'elles arrivent régulièrement chaque trimestre.

Ces événemens se succédèrent avec tant de rapidité, que la sagacité de l'éditeur d'une gazette moderne aurait pu prédire les deux derniers en annonçant le premier; cependant ils ne parvinrent que graduellement à sir Everard, et pour ainsi dire distillés goutte à goutte par le froid et tardif alambic de la *Lettre hebdomadaire de Dyer*. Nous ferons observer, en passant, au lecteur, qu'à cette époque, au lieu de ces mail-coaches (2) qui donnent la faculté au plus pauvre ouvrier de comparer chaque soir vingt gazettes contradictoires, dans son club de *six-sous*, et de se mettre au courant de toutes les nouvelles de la veille, la poste de Londres n'arrivait qu'une fois par semaine à Waverley-Honour; elle n'y apportait qu'une gazette hebdomadaire qui devait d'abord satisfaire la curiosité du baronnet, celle de sa sœur et du vieux sommelier, passait ensuite régulièrement du château au rectorat, du rectorat à la Grange habitée par le Squire Stubbs, de chez le Squire au Steward du baronnet dans sa maison blanche sur la bruyère, et enfin à travers un cercle nombreux d'honnêtes dames

---

(1) Mot à mot *foi-troquée*, nom imaginaire; petite épigramme antiministérielle que l'auteur *tory* se permet en passant. — Éd.

(2) Malle-postes. — Éd.

et de leurs compères à mains dures et calleuses, elle parvenait généralement en lambeaux au bout d'un mois, de chez le Steward chez le Bailiff (1).

Cette lente gradation de nouvelles fut dans cette occasion un avantage pour Richard Waverley. Si le baronnet eût appris à la fois tous ces méfaits, il n'aurait guère eu sujet de se féliciter du succès de sa politique. Sir Everard, quoique le plus doux des hommes, n'était point impassible et sans avoir sa part de susceptibilité ; la conduite de son frère le blessa donc vivement. Le domaine de Waverley n'était grevé d'aucune substitution, parce qu'il n'était jamais entré dans l'esprit d'aucun des anciens possesseurs de Waverley, qu'un jour un de leurs descendans pourrait se rendre coupable de toutes les atrocités dont la *Lettre de Dyer* accusait Richard. La substitution eût-elle existé, le mariage du propriétaire actuel aurait pu être funeste à un héritier collatéral. Ces diverses idées agitèrent long-temps sir Everard avant d'amener une détermination concluante.

Il examina son arbre généalogique, qui, blasonné d'emblèmes d'honneur et d'exploits héroïques, ornait la boiserie bien vernie de la salle. Les plus proches descendans de sir Hildebrand Waverley, à défaut de son fils Wilfred dont sir Everard et son frère se trouvaient

(1) Nous avons dans cette phrase presque toute la hiérarchie d'un canton de province : le *baronnet*, le seigneur du pays et seigneur héréditaire; le recteur, que nous appellerions un curé de première classe, et le squire (mot dérivé d'écuyer), qui serait le premier propriétaire s'il n'y avait pas de baronnet, et qui ici habite la grange, c'est-à-dire une ferme qu'il fait valoir lui-même (c'est un *gentleman-farmer*). Le *steward* est l'intendant et l'homme d'affaires ; et le *bailiff*, bailli, est le receveur des rentes. — Éd.

2.

les seuls représentans, étaient les Waverley de Highley-Park, avec lesquels la branche principale ou plutôt la souche de la famille avait rompu tout rapport depuis le grand procès de 1670. Ces rejetons des Waverley s'étaient encore donné un plus grand tort aux yeux du chef et de la source de leur noblesse, par le mariage de leur représentant avec Judith, héritière d'Olivier Bradshawe de Highley-Park, Com. Hantz (1), dont les armoiries, les mêmes que celles de Bradshawe le régicide, avaient été écartelées avec l'ancien écusson des Waverley. Cependant sir Everard, dans la chaleur de son ressentiment, avait effacé toutes ces circonstances de son souvenir, et si le procureur Clippurse, qu'il avait envoyé chercher par son valet d'écurie, était arrivé plus tôt, il aurait eu les profits d'un acte de transfert destiné à priver Richard de la seigneurie de Waverley et de ses dépendances; mais une heure de froides réflexions est beaucoup lorsque nous l'employons à peser les inconvéniens de deux projets, dont aucun ne nous plaît au fond du cœur.

Le procureur Clippurse trouva son patron plongé dans des méditations profondes, qu'il était trop respectueux pour troubler autrement qu'en produisant son écritoire de cuir et son papier, pour annoncer qu'il était prêt à minuter les volontés de Son Honneur. Cette petite manœuvre embarrassa sir Everard, comme si c'était un reproche sur son indécision. Il se tourna vers le procureur, dans l'intention de lui dire qu'il ne le ferait pas attendre plus long-temps; mais le soleil, qui venait de se dégager d'un nuage, répandit subitement dans le sombre cabinet

(1) Du comté de Hantz ou *Hampshire*. — Éd.

les couleurs variées de ses rayons à travers les vitraux peints. Quand le baronnet leva les yeux, ils rencontrèrent son écusson, où était gravé le même emblème que son ancêtre portait à la bataille d'Hastings, trois hermines passant, argent, en champ d'azur, avec la devise : *Sans tache.* — Périsse le nom de Waverley, dit sir Everard en lui-même, plutôt que de voir cet emblème de l'honneur et de la loyauté souillé par les armes déshonorées d'un traître de Tête-Ronde (1).

Tel fut l'effet du passage d'un rayon du soleil qui donna tout juste au procureur le temps de tailler sa plume; sa peine fut inutile : on le renvoya en l'invitant à se tenir prêt à se rendre aux ordres qu'on lui transmettrait.

L'apparition de l'homme de loi chez le baronnet avait donné lieu à mille conjectures dans cette partie du monde, dont le château de Waverley était le centre. Mais les plus avisés politiques de ce microscome augurèrent encore pire pour Richard Waverley d'un événement qui suivit de près son apostasie. Ce ne fut rien moins qu'une excursion que fit le baronnet en voiture à six chevaux, suivi de quatre laquais en grande livrée, pour aller rendre une visite assez longue à un noble pair habitant à l'extrémité du comté, d'une race sans mésalliance, Tory prononcé, et père heureux de six filles accomplies, et à marier.

On devine aisément que sir Everard fut très-bien accueilli; mais, par malheur pour lui, il fixa son choix sur lady Emily, la plus jeune des sœurs. Elle reçut ses soins

---

(1) Sobriquet donné aux républicains à cause de leurs cheveux coupés ras sur les oreilles. — ÉD.

avec un embarras qui annonçait tout à la fois qu'elle n'osait le refuser, mais qu'elle n'éprouvait pas beaucoup de joie de la préférence qu'il lui donnait. Sir Everard ne put s'empêcher de remarquer quelque chose de contraint et de singulier dans la manière dont ses avances étaient reçues; mais la comtesse l'ayant assuré, en mère prudente, que c'était l'effet naturel d'une éducation faite loin du monde, le sacrifice eût pu s'accomplir, comme cela est arrivé dans mainte circonstance semblable, sans le courage d'une sœur aînée qui révéla au riche prétendu que sa sœur avait fixé son choix sur un jeune officier de fortune, de ses parens. Sir Everard parut très-ému en apprenant ces détails, qui lui furent confirmés dans une entrevue particulière, par la jeune lady elle-même, que la crainte du courroux de son père rendait toute tremblante.

L'honneur et la générosité étaient des attributs héréditaires dans la famille des Waverley : aussi sir Everard s'empressa-t-il de renoncer à lady Emily avec une grace et une délicatesse dignes d'un héros de roman. Il eut même l'adresse, avant de quitter le château de Blandeville, d'obtenir du père qu'elle serait unie à l'objet de son choix. Nous ne connaissons pas exactement les argumens dont il se servit dans cette occasion, mais aussitôt que cet arrangement eut été conclu, le jeune officier s'avança dans l'armée avec une rapidité qui est bien rare quand le mérite est sans protection; et en apparence le jeune homme n'avait d'autres titres que son mérite (1).

Quoique rendu moins pénible par la conscience d'a-

(1) Au risque d'être moins discret que l'auteur, nous devons expliquer cette phrase en rappelant que les grades dans l'armée anglaise sont chose vénale. — Éd.

voir agi en homme d'honneur et généreusement, ce premier échec influa sur le reste de la vie de sir Everard. Son projet de mariage avait été adopté dans un accès d'indignation ; les démarches d'un soupirant ne s'accordaient guère avec la gravité de son indolence naturelle ; il venait d'échapper au risque d'épouser une femme qui ne l'eût jamais aimé ; son orgueil ne pouvait guère être flatté de la conclusion de ses amours, supposé même que son cœur n'en souffrît pas. Le résultat de toute cette affaire fut qu'il reprit le chemin du château de Waverley-Honour, sans avoir fait un autre choix. Il ne se laissa séduire ni par les soupirs et les regards langoureux de cette belle confidente, qui n'avait révélé l'inclination de sa sœur que par pure affection, ni par les allusions indirectes, les coups d'œil significatifs et les demi-mots de la mère, ni par les éloges que le comte ne cessait de faire de la sagesse, du bon sens, du caractère admirable de sa première, deuxième, troisième, quatrième et cinquième filles. Le souvenir de son amour malheureux suffit pour le préserver à jamais d'une mortification nouvelle, et du désagrément de perdre ses peines ; ce qui arrive à plus d'une personne du caractère de sir Everard, qui était à la fois timide, fier, susceptible et indolent. Il continua à vivre au château de Waverley dans le style d'un vieux gentilhomme anglais, aussi riche que noble. Sa sœur, miss Rachel Waverley, présidait à sa table, et ils devinrent peu à peu, lui vieux garçon, elle vieille fille, en se soumettant de la meilleure grace du monde aux ennuis du célibat.

Le ressentiment de sir Everard envers son frère s'affaiblit avec le temps ; mais si son antipathie pour le Whig et l'homme en place ne put jamais le décider à faire des démarches qui auraient été nuisibles à son frère, elle entretint entre eux une continuelle froideur. Le hasard enfin les rapprocha. Richard avait épousé une jeune personne d'un rang élevé, dont la fortune et les relations de famille devaient également servir à son avancement. Du chef de sa femme, il devint possesseur d'un domaine de quelque valeur, qui n'était éloigné du château de Waverley que de quelques milles.

Le petit Édouard, le héros de notre histoire, alors dans sa cinquième année, était leur seul enfant. Il arriva qu'en se promenant avec sa gouvernante, il s'écarta de plus d'un mille de Brere-Wood-Lodge, où habitait sa famille. Son attention fut vivement excitée par une voiture dont la ciselure et la dorure auraient fait honneur à celle du lord-maire (1), et attelée de six superbes chevaux noirs, à longues queues. Cette voiture était arrêtée en attendant le maître qui inspectait près de là les travaux de construction d'une ferme nouvelle. Je ne puis dire si l'enfant avait eu pour nourrice une Galloise ou une Écossaise (2), et comment il associait un écusson orné de trois hermines avec l'idée d'une propriété personnelle, mais il n'eut pas plus tôt aperçu ces armoiries de famille, qu'il s'obstina à faire valoir ses droits sur la riche voiture où elles étaient blasonnées. Le baronnet arriva au moment où la bonne de l'enfant voulait inutilement lui défendre de s'emparer du car-

(1) Rien de pompeux comme la voiture de cérémonie du lord-maire; c'est le véritable trône ambulant de ce roi électif de la cité de Londres. — Éd.

(2) Allusion aux *idées aristocratiques* des nourrices de ces deux contrées, qui entretiennent volontiers les enfans de la gloire de leurs ancêtres, et surtout de leurs titres nobiliaires. — Éd.

rosse doré. La rencontre ne pouvait être plus heureuse pour le petit Édouard, car son oncle n'avait pu s'empêcher de regarder avec complaisance et presque avec envie les enfans jouflus du robuste agriculteur dont il faisait bâtir la maison. Quand il vit ce petit marmot frais et vermeil, portant son nom, et réclamant les droits héréditaires qu'il avait à sa parenté, à son attachement et à son patronage, par un lien que sir Everard estimait aussi sacré que la jarretière ou un manteau bleu (1),— il lui sembla que la Providence le lui envoyait exprès pour remplir le vide de ses affections, et de ses espérances. La voiture ramena l'enfant et sa gouvernante à Brere-Wood-Lodge, avec un message qui ouvrit à Richard Waverley une voie de réconciliation avec son frère aîné. Il y eut pendant long-temps, dans leur commerce, plus de civilité et de cérémonie que de cordialité fraternelle ; mais cet état de choses suffisait à l'un et à l'autre. Dans la société de son petit-neveu, sir Everard trouvait à bercer son orgueil aristocratique de l'idée de perpétuer son noble lignage, et pouvait en même temps satisfaire son besoin de bienveillance et d'affections douces. De son côté, Richard Waverley voyait, dans l'attachement mutuel de l'oncle et du neveu, les moyens de s'assurer, sinon pour lui, du moins pour son fils, un héritage dont il eût craint de compromettre la succession en cherchant à vivre plus intimement avec un homme du caractère et des opinions de son frère.

(1) Le *manteau bleu* appartient spécialement aux chevaliers de la jarretière. La *jarretière* est de velours bleu bordé d'or, avec la devise historique *honni soit qui mal y pense*. Cet ordre n'est accordé, comme on sait, qu'à la plus haute noblesse et à la plus haute illustration. — Éd.

Ainsi, par une espèce de compromis tacite, le jeune Édouard passait presque toute l'année au château, également choyé des deux familles, quoiqu'elles se contentassent de s'envoyer des complimens de politesse, ou de se faire des visites cérémonieuses. L'éducation de l'enfant était dirigée tour à tour par le goût et les opinions de son oncle et de son père. Mais nous en parlerons plus amplement dans le chapitre suivant.

CHAPITRE III.

Éducation.

L'éducation de notre héros Édouard Waverley éprouva beaucoup de vicissitudes. Dans son enfance, l'air de Londres nuisait à sa santé, ou du moins paraissait lui nuire (ce qui est la même chose). Aussi, lorsque les devoirs de sa place, la convocation du parlement, ou le besoin de poursuivre ses plans d'ambition et de fortune, appelaient son père à Londres, qui était sa résidence huit mois de l'année, Édouard était transféré au château de Waverley, où il changeait de maîtres et de leçons aussi-bien que de résidence. Son père aurait pu remédier à cet inconvénient en lui donnant un précepteur permanent; mais il pensait qu'un précepteur de son choix serait sans doute mal reçu au château de Waverley, et que si c'était sir Everard qui le choisissait, il risquait d'introduire dans sa maison un hôte désagréable, sinon un espion politique. Il fit donc consentir son secrétaire particulier, jeune homme de goût et de talent, à consacrer une heure ou deux à l'éducation d'Édouard pendant qu'il restait à Brere-Wood-Lodge ; et il laissait son oncle responsable de ses progrès en littérature pendant son séjour au château. A certains égards, il n'y manquait pas de moyens d'instruction. Le chapelain de sir Everard, de l'université d'Oxford, et qui y avait perdu sa fellowship (1) pour avoir refusé de prononcer le serment à l'avénement de Georges Ier, était non-seulement très-versé dans les études classiques, mais il avait des connaissances étendues dans les arts et dans les sciences, et possédait plusieurs langues vivantes ; mais il était vieux et indulgent. L'interrègne pendant lequel Edouard était entièrement soustrait à sa discipline amena un tel relâchement de son autorité, que son élève avait à peu près la liberté d'étudier lorsqu'il voulait, comme il voulait, et ce qu'il voulait. Ce défaut de discipline aurait été funeste pour un enfant d'une conception lente, qui, sentant que c'était un pénible travail que d'apprendre, aurait tout négligé loin de l'œil de son maître : ce n'eût pas été moins dangereux pour un élève en qui le tempérament eût été plus puissant que l'imagination ou la sensibilité, et que l'irrésistible influence d'Alma (2), quand il aurait été libre de ses bras et de ses

(1) *Fellowship*, droit ou titre d'associé ; les *fellows* sont les *membres-associés* d'un collège, qui partagent avec le chef la direction de leur *société*, l'administration des biens et des revenus, etc. C'est parmi eux qu'on choisit les officiers du collège. — Éd.

(2) *Alma*, *alma mater*, vénérable mère. Mot devenu anglais, et synonyme d'université. L'auteur veut dire qu'une fois rendu à l'université, l'élève y eût été entraîné à la dissipation. — Éd.

jambes eût appelé à la chasse et aux autres plaisirs de la jeunesse depuis le matin jusqu'au soir. Mais Édouard Waverley n'avait aucun de ces deux caractères; son esprit était si vif et sa conception si prompte, que, comme dirait un chasseur, son maître n'avait autre chose à faire qu'à l'empêcher de dépasser le gibier, c'est-à-dire de l'empêcher d'acquérir des connaissances d'une manière légère, vague et sans méthode. Avec lui, le précepteur avait encore à combattre une autre disposition non moins grave, qui ne se trouve que trop souvent jointe à l'imagination la plus brillante et à l'esprit le plus heureux; je veux parler de cette indolence de tempérament qui ne peut être stimulée que par de puissans attraits, et qui renonce à l'étude aussitôt qu'elle a satisfait sa curiosité, goûté le plaisir de vaincre les premiers obstacles, et épuisé le charme de la nouveauté.

Édouard se livrait avec ardeur à chaque auteur classique dont son précepteur lui proposait la lecture. Il se familiarisait assez avec son style pour comprendre le sujet du livre, qu'il finissait, si l'ouvrage l'amusait. Mais vainement essayait-on de fixer son attention sur la différence des idiomes, sur les remarques critiques et philologiques, la beauté d'une expression, ou les combinaisons artificielles de la syntaxe : — Je sais lire et comprendre un auteur latin, disait-il avec la présomption et la légèreté téméraire d'un écolier de quinze ans : Scaliger ou Bentley (1) n'en savaient pas davantage. — Hélas! pendant qu'on lui permettait ainsi de ne lire que pour son amusement, il ne se doutait pas qu'il

---

(1) Richard Bentley, bibliothécaire du roi Guillaume et éditeur de plusieurs éditions d'auteurs classiques avec commentaires.
— Éd.

perdait à jamais l'occasion d'acquérir l'habitude d'une application constante et régulière, et l'art de diriger, modifier et concentrer la facilité de son esprit pour les études sérieuses, — art bien plus précieux que cette science, objet principal de l'enseignement.

On me rappellera sans doute la nécessité de rendre l'instruction agréable à la jeunesse, et le miel du Tasse (1) mêlé à la potion préparée pour l'enfant ; — mais un siècle comme le nôtre, où les enfans apprennent les sciences les plus arides par la séduisante méthode *des jeux instructifs*, n'a guère à redouter les conséquences d'un enseignement trop austère et trop sérieux ; l'histoire d'Angleterre est aujourd'hui réduite à un jeu de cartes (2), les problèmes de mathématiques à un jeu d'énigmes, et l'arithmétique s'acquiert au bout d'une semaine par quelques heures d'exercice sur une méthode nouvelle et plus compliquée du jeu royal de l'oie. Encore quelques pas de plus, et bientôt on n'apprendra plus que de cette manière la morale et la religion, sans avoir besoin de la gravité, du ton modeste et sage, et de l'attention précise, qu'on exigeait jusqu'ici de l'enfance bien gouvernée de ce royaume.

Ce pourrait être toutefois un sujet de considération

(1) — « Nous frottons de miel les bords de la coupe que nous présentons à un enfant malade. Trompé par cet innocent artifice, il avale une potion désagréable, mais salutaire, et la santé qu'il recouvre est le doux fruit de son erreur. » — Ed.

(2) Nous avons aussi en France une collection de *jeux historiques* dont le spirituel *Hermite* de la Chaussée-d'Antin, M. de Jouy, est l'auteur, et qui forme dix ou douze boîtes. Ces *jeux*, que sir Walter Scott critique un peu sévèrement peut-être, eurent dans leur nouveauté un véritable succès, tant en France que dans les pays étrangers. — Éd.

sérieuse, de savoir s'il n'est pas à craindre que ceux qui n'ont acquis l'instruction que sous la forme d'un amusement, n'en viennent à repousser tout ce qui aurait l'air d'une étude; ceux qui apprennent l'histoire avec des cartes n'en sont-ils pas exposés à préférer les moyens à la fin? et si nous devions enseigner la religion sous la forme d'un jeu, nos élèves ne pourraient-ils pas petit à petit être tentés de se faire un jeu de leur religion?

Quant à notre jeune héros, on lui permit de ne chercher l'instruction que suivant ses goûts, et naturellement il ne la cherchait que tant qu'il y trouvait de l'amusement. Cette indulgence de ses maîtres fut suivie de funestes conséquences qui influèrent long-temps sur son caractère, son bonheur et ses progrès dans le monde. L'imagination vive d'Édouard, son goût ardent pour la littérature, loin de remédier au danger ne firent que l'accroître. La bibliothèque de Waverley-Honour, vaste salle gothique, avec de doubles arceaux et une galerie, contenait une collection variée. Ces livres avaient été rassemblés, comme c'est l'usage, pendant le cours de deux siècles, par une famille qui, ayant toujours été riche, s'était naturellement imposé, comme une marque de splendeur, l'obligation d'acquérir toutes les productions de la littérature du jour, sans trop de choix et de discernement; Édouard eut la liberté d'errer à son gré dans ces immenses régions. Son précepteur avait ses études à lui, la politique ecclésiastique et les controverses théologiques et de plus un amour d'aisance classique (1); il ne se dispensait pas d'inspecter aux heures fixes les progrès de l'héritier présomptif de son patron, mais il saisissait très-volontiers toute espèce

(1) Une des variétés de l'*otium cum dignitate*. — Éd.

d'excuses pour ne pas exercer une surveillance sévère et régulière sur les études générales de son élève.

Sir Everard n'avait jamais lui-même été un homme studieux. Il croyait que la lecture est incompatible avec l'oisiveté des riches; miss Rachel Waverley partageait avec lui cette opinion vulgaire. Ils étaient persuadés l'un et l'autre que c'est bien assez de parcourir des yeux les lettres de l'alphabet sans chercher à suivre les idées de l'auteur. Tandis qu'une meilleure éducation aurait pu convertir en soif d'instruction son désir de s'amuser, le jeune Waverley se trouva donc, au milieu de cet océan de livres, comme un vaisseau sans pilote ou sans gouvernail. On contracte aisément l'habitude de lire sans ordre ni plan, lorsque surtout l'occasion en est si favorable. Je crois qu'une des causes qui font que l'on trouve dans les derniers rangs de la société tant d'exemples d'érudition, c'est que le pauvre étudiant qui, avec les mêmes dispositions, n'a qu'un petit nombre de livres pour satisfaire sa passion de lecture, est forcé de graver dans sa mémoire tous ceux qu'il possède avant de pouvoir en acquérir d'autres. Édouard au contraire, comme ces gourmands qui daignent seulement mordre une fois sur la pêche du côté qui est doré par le soleil, cessait de lire un volume dès qu'il n'excitait plus sa curiosité ou son intérêt. Il arriva donc que son habitude de ne chercher que ce genre de plaisir le rendit de jour en jour plus difficile à contenter, jusqu'à ce que sa passion de lecture, comme mainte autre passion, lui causa à la longue une sorte de satiété.

Cependant, avant de parvenir à cette indifférence, il avait enrichi sa mémoire, qui était des plus heureuses, d'un mélange varié de connaissances curieuses quoique mal classées dans sa tête. Dans la littérature anglaise, il s'était rendu familier avec Shakspeare, Milton, et nos vieux auteurs dramatiques; il possédait aussi plusieurs des passages pittoresques et intéressans de nos vieux chroniqueurs; mais il connaissait surtout Spencer, Drayton, et les autres poètes qui se sont fait un nom dans la carrière des fictions romanesques. Ces ouvrages sont de tous les plus séduisans pour une imagination jeune encore, avant que les passions se soient éveillées, et demandent une poésie plus sentimentale.

Sous ce rapport la littérature italienne lui offrit un champ plus vaste encore. Il avait parcouru les nombreux poëmes romantiques qui, depuis ceux du Pulci, ont été les exercices favoris des beaux esprits de l'Italie. Il avait lu tous les nombreux récueils de *novelle* produits par le génie libre mais élégant de cette contrée, en imitation du *Décaméron*. En littérature classique, Waverley avait acquis les connaissances ordinaires, et lu les auteurs à l'usage des classes. La France lui avait fourni une collection presque inépuisable de mémoires qui ne sont pas plus véridiques que des romans, et de romans si bien écrits, qu'on pourrait les faire passer pour des mémoires. Les pages brillantes de Froissard, ses descriptions enthousiastes et éblouissantes des combats et des tournois étaient au nombre de ses lectures favorites; et dans Brantôme et De Lanoue il avait appris à comparer le caractère franc, loyal, quoique superstitieux, des fauteurs de la ligue, avec l'âpreté, la rudesse sauvage et quelquefois l'esprit inquiet des huguenots. Les auteurs espagnols avaient largement contribué à ses souvenirs de prouesses chevaleresques et de romanesques passions. La littérature primitive des peuples du nord ne devait pas être indifférente à un jeune homme qui cherchait plutôt à exciter son imagination qu'à satisfaire son jugement. Cependant, quoique sachant beaucoup de tout ce qui n'est connu que du petit nombre, on pouvait sans injustice regarder Édouard Waverley comme un ignorant, puisqu'il n'avait presque rien appris de ce qui peut ajouter à la dignité de l'homme et le mettre à même de tenir un rang honorable dans la société.

La moindre attention de la part de ses parens aurait pu le préserver du danger de dissiper ainsi les facultés de son esprit par un cours de lecture si vague et si mal ordonné. Mais mistress Richard Waverley mourut sept ans après la réconciliation des deux frères; et Richard Waverley lui-même, qui depuis cet événement fit plus habituellement sa résidence à Londres, était trop occupé de ses plans de fortune et d'ambition pour ne pas se contenter d'entendre dire qu'Édouard aimait beaucoup les livres, et qu'il pourrait parvenir à être évêque. S'il avait pu découvrir et analyser les rêveries de son fils, il aurait tiré une conclusion bien différente.

CHAPITRE IV.

Châteaux en Espagne (1).

J'AI déjà donné à entendre que, devenu d'un goût capricieux, difficile et dédaigneux par une surabondance de lectures frivoles, notre héros était non-seulement incapable d'études sérieuses et profitables, mais encore dégoûté jusqu'à un certain point de ce qui lui avait plu d'abord. Il était dans sa seizième année, lorsque son amour pour la solitude et son caractère distrait et rêveur commencèrent à donner de tendres inquiétudes à sir Everard. Il essaya de tirer son neveu de cette apathie en l'invitant à se livrer aux exercices de la chasse, qui avait été jadis l'amusement principal de sa jeunesse. Édouard pendant une saison éprouva un plaisir assez vif à manier le fusil; mais, lorsqu'il fut parvenu à s'en

(1) En anglais *castle-building*, construction de châteaux. On dit aussi *air-building*, châteaux en l'air. — ÉD.

servir avec adresse, cet amusement cessa d'en être un pour lui. Le printemps d'après, le livre si attrayant du vieil Isaac Walton (1) détermina Édouard à devenir un confrère de l'hameçon; — mais de toutes les distractions inventées ingénieusement pour l'usage des oisifs, la pêche est la moins propre à amuser un caractère non moins impatient qu'indolent. La ligne de notre héros fut bientôt mise de côté. La société et l'exemple de ses égaux, qui, plus que tout autre motif, répriment et modifient nos penchans, auraient pu avoir leur effet ordinaire sur notre jeune rêveur; mais le voisinage offrait peu d'habitans, et les jeunes Squires du canton, élevés chez leurs parens, n'étaient pas d'une classe à former les compagnons habituels d'Édouard, et encore moins étaient-ils propres à exciter son émulation dans ces exercices qui étaient l'affaire sérieuse de leur vie.

Depuis la mort de la reine Anne, sir Everard avait renoncé, à mesure que ses années allaient en augmentant et le nombre de ses contemporains en diminuant, à siéger au parlement, et il se retira peu à peu de la société; de manière que, lorsque Édouard se trouvait avec quelques jeunes gens de son rang, dont l'éducation avait été soignée, il sentait qu'il leur était inférieur, non faute d'instruction, mais parce qu'il ne savait pas faire valoir celle qu'il avait acquise : une grande susceptibilité vint ajouter à ce dégoût du monde. L'idée réelle ou imaginaire d'avoir commis le plus léger solécisme en politesse était pour lui une angoisse; car peut-être un tort bien constaté cause à certains caractères un sentiment moins

(1) *The complete angler*, le parfait pêcheur. Cet ouvrage n'est pas seulement une théorie de l'art de la pêche; il abonde en descriptions faites *con amore*. — Éd.

vif de honte et de remords que celui qu'éprouve un jeune homme modeste, susceptible et sans expérience, quand il croit avoir négligé l'étiquette ou mérité le ridicule. Là où nous ne sommes pas à l'aise, nous ne saurions être heureux ; il n'est donc pas surprenant qu'Édouard Waverley supposât qu'il n'aimait pas la société, et qu'il n'était pas fait pour elle, seulement parce qu'il n'avait pas contracté l'habitude d'y vivre avec aisance et bien-être, de s'y plaire et d'y faire plaisir.

Tout le temps qu'il passait avec son oncle et sa tante était rempli par les récits cent fois répétés de la vieillesse conteuse. Cependant, même alors, son imagination, faculté prédominante de son ame, était fréquemment occupée. Les traditions de famille et les histoires généalogiques, texte fréquent des discours de sir Everard, sont l'opposé de l'ambre qui, substance précieuse par elle-même, renferme ordinairement des insectes et des fétus de pailles, tandis que ces études, toutes insignifiantes et frivoles qu'elles sont, servent néanmoins à perpétuer la mémoire de ce qu'il y avait d'estimable dans les anciennes mœurs, avec maints détails minutieux et curieux qui n'auraient pu nous être transmis autrement. Si le jeune Édouard bâillait quelquefois au froid catalogue des noms de ses illustres ancêtres et au récit de leurs mariages ; s'il déplorait secrètement la longue et impitoyable exactitude avec laquelle le respectable sir Everard remémorait les divers degrés d'alliance qui existaient entre la maison de Waverley-Honour et maints nobles barons, chevaliers et écuyers ; si (malgré toutes ses obligations aux trois hermines passant) il maudissait au fond du cœur tout le jargon du blason, ses griffons, ses taupes, ses dragons, avec toute l'amertume d'Hotspur (1) lui-même, il y avait des momens où ces récits intéressaient son imagination et le dédommageaient de sa patience attentive. Les exploits de Wilibert de Waverley dans la Terre-Sainte, sa longue absence et ses périlleuses aventures, sa mort supposée et son retour inattendu, le soir même où la fiancée de son cœur venait de s'unir au héros qui l'avait protégée des insultes et de l'oppression pendant son absence; la générosité avec laquelle ce noble croisé renonça à ses droits pour aller chercher dans un cloître cette paix qui n'est jamais interrompue; ces récits et d'autres semblables enflammaient le cœur d'Édouard et appelaient les larmes dans ses yeux. Il n'éprouvait pas une émotion moins vive lorsque sa tante, miss Rachel, lui racontait les souffrances et le courage de lady Alice Waverley, pendant la grande guerre civile. Il régnait une expression de majesté dans les traits si doux de cette respectable demoiselle, lorsqu'elle racontait comment Charles, après la bataille de Worcester, avait trouvé un asile d'un jour à Waverley-Honour, et comment, lorsqu'une troupe de cavalerie s'approchait pour visiter le château, lady Alice envoya son plus jeune fils et ses domestiques, leur ordonnant de se faire tuer, s'il le fallait, et d'arrêter les ennemis du roi au moins pendant une heure, pour que Charles eût le temps de se sau-

---

(1) MORTIMER. Fi! cousin Percy, comme vous contrariez mon père!

HOTSPUR. Je ne puis faire autrement : — il me met plus d'une fois en colère avec ses taupes, ses fourmis, son dragon, ses poissons sans nageoires, etc., etc. — SHAKSPEARE, *Henry IV*.

Henry Percy, surnommé Hotspur (éperon-chaud) à cause de sa bouillante impatience, un des héros favoris de Shakspeare. — ED.

ver (1). — Que Dieu lui soit en aide! s'écriait miss Rachel en arrêtant ses regards sur le portrait de cette héroïne: elle acheta assez cher le salut de son roi au pri de la vie de son fils chéri. On le transporta au château prisonnier et blessé; vous pouvez voir encore les traces de son sang depuis la grande porte, le long de la petite galerie, jusqu'au salon où il fut déposé pour mourir aux pieds de sa mère. Il y eut, à ce dernier moment, entre la mère et le fils, un échange de consolations; car il apprit par un regard de sa mère que sa défense désespérée avait eu le succès qu'il en attendait. — Ah! je me rappelle très-bien avoir vu une personne qui avait connu et aimé ce brave jeune homme. Miss Lucy Saint-Aubin vécut et mourut fille pour lui, quoiqu'elle fût une des plus belles personnes et un des plus riches partis du pays. Tous les hommes la demandèrent en mariage; mais elle ne cessa, jusqu'au dernier jour de sa vie, de porter le deuil pour son pauvre William (car ils avaient été fiancés). Sa mort arriva....; je ne puis me rappeler la date précise, mais je crois que ce fut dans le mois de novembre de l'année où, se sentant très-mal, elle demanda instamment qu'on la portât encore une fois à Waverley-Honour. Elle parcourut tous les endroits où elle s'était trouvée avec mon grand-oncle; elle voulut qu'on levât les tapis pour contempler, une dernière fois, les traces de son sang. Ah! si les larmes eussent été capables de les effacer, on ne les verrait plus aujourd'hui, tous les yeux en versèrent! Vous saurez, mon cher Édouard, que les arbres parurent partager la

---

(1) La fuite de Charles après la bataille de Worcester forme une partie des événemens racontés dans le roman de *Woodstock*.
— Éd.

douleur générale, car, sans qu'il y eût le moindre souffle de vent, les feuilles tombèrent autour de Lucy. Hélas! tout en elle annonçait qu'elle ne les verrait plus reverdir.

Après avoir entendu ces légendes, Édouard se retirait à l'écart pour se livrer aux sentimens qu'elles avaient fait naître en lui. Dans un des coins de la bibliothèque éclairée par la faible lueur des derniers tisons du vaste foyer, notre héros aimait à jouir d'une espèce de fantasmagorie mentale; son imagination se montait par degrés, et finissait par lui rendre sensibles les objets dont il était occupé. Il voyait les riches préparatifs de noce qui se faisaient au château de Waverley, la taille haute et majestueuse de son ancêtre en costume de pèlerin, tranquille spectateur de la félicité de son héritier supposé et de sa prétendue; la surprise occasionée par la scène de la reconnaissance; le mouvement tumultueux de tous les vassaux qui couraient aux armes; la stupeur du fiancé; la confusion de la malheureuse épouse; le désespoir muet et concentré de Wilibert; son air plein de noblesse et de dignité, lorsqu'il jeta sur le parquet son épée à demi tirée, et sa fuite précipitée loin du château de ses pères.

La scène changeait ensuite au gré de l'imagination d'Édouard qui lui offrait la représentation de la tragique histoire racontée par sa tante Rachel. Il voyait lady Waverley assise dans son boudoir, tressaillant d'une double angoisse à chaque bruit, d'abord pour écouter l'écho de plus en plus faible des pas du cheval du roi; et, quand elle ne pouvait plus l'entendre, croyant distinguer dans le moindre souffle qui agitait les arbres du parc, le bruit lointain du combat. Soudain s'élève un murmure sourd comme la marche d'un torrent, — ce murmure devient de plus en plus proche, — Édouard peut reconnaître le galop des chevaux, les cris et les acclamations des soldats, les coups de pistolet. — Les voici. — Lady Alice se lève en tressaillant. — Un vassal effrayé se précipite dans le château. — Mais pourquoi achever cette scène douloureuse !

Plus notre héros se complaisait dans ce monde idéal, plus toute interruption lui était désagréable. On donnait, dans le pays, le nom de *Chasses de Waverley* aux domaines dont le château était environné, parce qu'ils étaient d'une étendue beaucoup plus considérable que le parc le plus spacieux ; ce n'était dans l'origine qu'une forêt qui, quoique coupée par de vastes clairières, où venaient folâtrer les jeunes daims, conservait toujours un caractère sauvage ; elle était traversée en tous sens par de larges avenues dont plusieurs étaient embarrassées de broussailles touffues, mais où les beautés d'autrefois venaient assister à la chasse au cerf, pour le voir forcer par les lévriers, ou pour essayer elles-mêmes de l'atteindre d'une flèche. Dans un lieu remarquable par un monument gothique, couvert de mousse, qui avait retenu le nom de *Halte de la reine*, Elisabeth elle-même, disait-on, avait tué de sa propre main sept chevreuils : c'était le rendez-vous favori d'Édouard. D'autres fois, avec son fusil et son épagneul qui lui servaient de prétexte aux yeux des autres, et un livre dans la poche, qui peut-être lui servait de prétexte pour lui-même, il suivait une des longues avenues qui, après une montée de plusieurs milles, se rétrécissait peu à peu, ne formant bientôt plus qu'un sentier inégal et escarpé, à travers le défilé rocailleux et boisé appelé *Mirkwood-Din-*

gle (1), et s'ouvrait tout à coup sur un petit lac profond et sombre, nommé à cause de cela *Mirwood-Mere* (2). Dans les temps reculés, une tour solitaire s'élevait sur un rocher presque entièrement entouré d'eau, et nommé la *Forteresse de Waverley*, parce que, dans des temps de péril, elle avait été souvent l'asile de cette famille.

Là, dans les guerres d'York et de Lancastre, les derniers partisans de la Rose Rouge avaient osé résister aux vainqueurs, et continuer une guerre d'escarmouches et de pillage, jusqu'à ce que la forteresse fût réduite par le fameux Richard de Glocester (3). Là encore se maintint long-temps un parti de cavaliers (4), commandé par Nigel Waverley, frère aîné de ce William dont miss Rachel célébrait la mort héroïque. Dans ces lieux, Édouard aimait à

Se livrer au charme tour à tour mélancolique et doux de son imagination (5):

là, semblable à l'enfant au milieu de ses joujoux, il fai-

(1) *Mirk*, dans le dialecte des comtés du nord, signifie sombre. (*Mirk wood*, bois sombre.) *Dingle* signifie vallon entre des rochers. — Éd.

(2) *Mere*, lac. Dans les comtés de Cumberland, de Westmoreland, etc., ce mot, dérivé du saxon, est synonyme de *lake*; en Écosse, c'est le mot *loch* qui le remplace. *Grass-More*, *Loch Lomond*, etc. — Éd.

(3) Richard III. — Éd.

(4) *Les Cavaliers*, nom des royalistes dans les guerres de la république. Nous avons déjà vu le titre de *Tête Ronde* donné aux républicains. — Éd.

(5) *Chewing the cud of sweet and bitter fancy*. Littéralement, *ruminer sa rêverie douce et amère*. Nous citons le texte de cette phrase de Shakspeare, parce qu'elle a fourni la matière d'un quiproquo, trivial d'ailleurs, dans l'introduction de *Quentin Durward*. — Éd.

sait un choix des figures et des emblèmes incomplets, mais brillans, dont son imagination était meublée, pour en composer des visions aussi éclatantes et aussi fugitives que celles d'un soir d'été. Nous verrons dans le prochain chapitre l'effet d'un tel caractère et de cette habitude de rêverie.

CHAPITRE V.

Choix d'un état.

D'après tous ces détails minutieux sur la jeunesse de Waverley et la direction inévitable que ses premières habitudes avaient dû imprimer à son imagination, le lecteur croit peut-être que je vais lui offrir dans l'histoire suivante une imitation du roman de Cervantes. Mais il ferait tort à ma prudence par une telle supposition. Mon intention n'est pas de marcher sur les traces de cet inimitable auteur et de peindre comme lui cette perversion totale de l'intelligence qui dénature les objets au moment même où ils frappent les sens; je cherche à décrire cet autre égarement d'esprit bien plus commun, qui laisse voir les choses dans leur réalité, mais avec les couleurs romanesques qu'il leur prête lui-même.

Édouard Waverley était si loin de s'attendre à retrouver dans les autres sa manière de voir et de sentir, il était si loin d'espérer que les illusions flatteuses auxquelles il s'abandonnait avec tant de plaisir pourraient un jour se réaliser, qu'il ne craignait rien tant que de laisser percer les sentimens qui étaient le fruit de ses rêveries. Il n'avait jamais désiré d'avoir un confident, et il sentait si bien le ridicule auquel il s'exposerait, que s'il avait eu à choisir entre une punition qui n'eût rien d'ignominieux et la nécessité de rendre lui-même un compte exact du monde idéal dans lequel il passait la plus grande partie de ses jours, il n'aurait pas balancé à se soumettre de préférence au châtiment. Son secret et son isolement lui devinrent doublement chers, lorsque avec le cours des années il sentit l'influence des passions naissantes. Des créatures d'une grace et d'une beauté parfaites commencèrent à jouer un rôle dans ses aventures idéales, et il ne tarda pas à regarder autour de lui pour comparer les femmes du monde réel avec celles de son imagination.

La liste des belles qui, chaque dimanche, déployaient leurs atours hebdomadaires à l'église paroissiale de *Waverley*, n'était ni nombreuse ni choisie. La plus passable de beaucoup était miss Sissly, ou, comme elle préférait d'être appelée, miss Cecilia Stubbs, fille du squire Stubbs, à la Grange. Je ne sais si c'était — par le plus grand hasard du monde — (phrase qui, sortie des lèvres d'une femme, n'exclut pas toujours la préméditation) (1), ou si c'était par une conformité de goûts, que miss Cecilia fut souvent rencontrée par Édouard dans ses pro-

(1) *Malice propense*, préméditation. C'est un de ces termes de loi qui révèlent la profession de l'auteur, et qui ont mis les curieux sur la voie pour le deviner malgré son anonyme. Nous le verrons plus d'une fois affectionner les détails du barreau, etc. — Éd.

menades favorites à travers Waverley-Chase. Il n'avait pas eu encore le courage de l'aborder, mais la rencontre produisait toujours son effet. Un amant romanesque est un idolâtre étrange qui assez souvent ne s'inquiète pas de quel bois il forme l'objet de son adoration; et si la nature a donné quelques charmes à cet objet, il joue aisément le rôle du joaillier et du derviche du conte oriental (1), et trouve dans les trésors de sa propre imagination de quoi ajouter à ses véritables attraits une beauté céleste, et tous les dons de l'esprit. Mais avant que les charmes de miss Cecilia Stubbs l'eussent positivement élevée au rang de déesse ou placée au moins de pair avec la sainte de son nom (2), mistress Rachel Waverley, d'après plusieurs indices recueillis par elle, crut qu'il était temps de prévenir le moment de l'apothéose. Les femmes les plus simples et les plus ingénues ont toujours (Dieu les bénisse), dans ces sortes d'affaires, une pénétration d'instinct qui à la vérité leur fait supposer quelquefois ce qui n'existe pas, mais qui leur fait découvrir ordinairement ce qui existe. Mistress Rachel s'attacha avec une grande prudence à éluder le danger plutôt qu'à le combattre ouvertement. Elle insinua à son frère la nécessité de faire voyager l'héritier de la famille, afin qu'il acquît la connaissance d'un autre monde que celui que lui offrait sa résidence continuelle

(1) Le conte des Sept Amans.

(2) Comme protestant, l'auteur traite une sainte catholique avec aussi peu de révérence qu'une déesse mythologique : il faut s'attendre à ces manifestations d'opinion religieuse en lisant un auteur étranger. Du reste, grace peut-être à la fameuse cantate de Dryden, sainte Cécile est encore même chez les Anglais la patrone des musiciens. — Éd.

à Waverley-Honour. Sir Everard se refusa d'abord à une proposition qui tendait à le séparer de son neveu. —Édouard était un peu entiché de bouquins, il en convenait, mais il avait toujours entendu dire que la jeunesse était le temps de l'étude, et sans doute lorsqu'il aurait satisfait sa fureur pour les lettres, et garni sa tête de connaissances,—Édouard se livrerait aux amusemens et aux occupations de la campagne.—Quant à lui, il avait souvent regretté de ne pas avoir consacré à l'étude une partie de sa jeunesse, parce que, disait-il,— Il n'en aurait pas manié le fusil, ni chassé avec moins d'adresse, et aurait pu faire retentir la voûte de Saint-Etienne (1) de discours plus longs que ces Non! Non! pleins de chaleur, avec lesquels il accueillait toutes les mesures du gouvernement, lorsque, sous l'administration de Godolphin, il était membre de la chambre des communes (2).

Cependant la tante Rachel eut assez d'adresse pour parvenir à son but. Elle rappela que tous les membres de la famille avaient, avant de se fixer au château de Waverley, visité les pays étrangers, ou servi leur pays dans l'armée; et pour prouver la vérité de son assertion, elle en appela à l'arbre généalogique, autorité que sir Everard n'avait jamais récusée. Bref, on proposa à M. Richard Waverley de faire voyager son fils sous la conduite de son gouverneur, M. Pembroke, avec une somme

(1) C'est dans la chapelle de Saint-Étienne que se tiennent les séances de la chambre des communes. Les Non! Non! les Oui! Oui! les *hear, hear* (Écoutez! Écoutez!) y sont les monosyllabes à l'usage des membres à qui le ciel a refusé le don de la parole. — Éd.

(2) Godolphin (Sydney, comte de), grand trésorier d'Angleterre, fut ministre sous les Stuarts, qu'il abandonna depuis pour le prince d'Orange. (Voyez les *Mémoires sur Swift.*) — Éd.

convenable que le baronnet se chargeait de lui fournir. M. Richard ne vit pas d'obstacle à ce projet; mais en ayant parlé par hasard à la table du ministre, le grand homme devint sérieux, et il en expliqua ses motifs en particulier. D'après les opinions politiques de sir Everard, il serait très-imprudent, dit le ministre, qu'un jeune homme qui donne de si flatteuses espérances parcourût le continent sous la surveillance immédiate d'un gouverneur du choix de son oncle, qui le dirigerait par ses instructions. — Quelle serait la société du jeune Édouard à Paris? quelle serait sa société à Rome, où le prétendant et ses fils lui tendraient toutes sortes de pièges? M. Waverley devait peser avec soin de telles considérations. Pour lui, ajouta-t-il, il croyait pouvoir dire que Sa Majesté appréciait trop les services de M. Richard Waverley, pour que son fils, s'il voulait entrer au service pendant quelques années, n'obtînt pas une compagnie dans un des régimens de dragons revenus récemment de Flandre.

On ne pouvait impunément négliger une telle proposition sur laquelle le ministre appuya; et, malgré la crainte de heurter les préjugés de son frère, Richard Waverley crut devoir accepter la commission qui lui était offerte pour son fils. Il est vrai qu'il comptait beaucoup, et avec raison, sur la tendresse de sir Everard pour son neveu, et il n'était pas probable qu'il pût la perdre, parce qu'il se serait soumis à l'autorité paternelle. Il écrivit aussitôt au baronnet et à Édouard pour leur faire part de cette détermination. Dans la lettre à son fils, il communiquait simplement la chose, et lui indiquait les préparatifs qu'il fallait faire pour joindre son régiment; mais dans la lettre essée à son frère, il était plus diffus, et n'arrivait au fait que par des circonlocutions ; il adoptait son avis de la manière la plus flatteuse, en disant comme lui qu'il était convenable que son fils vît un peu le monde, et il exprimait presque avec humilité sa reconnaissance pour ses offres généreuses ; mais il était désolé qu'Édouard fût dans l'impossibilité de suivre exactement le plan qui avait été tracé par son meilleur ami et son bienfaiteur ; il voyait depuis quelque temps avec peine l'inaction de ce jeune homme, à un âge où tous ses ancêtres avaient déjà porté les armes. Sa Majesté elle-même avait daigné s'informer si le jeune Waverley n'était pas en Flandre, à un âge où son grand-père avait déjà versé son sang pour son roi, dans la grande guerre civile ; et cette question avait été suivie de l'offre d'une compagnie. Que pouvait-il faire ? Il n'avait pas eu le temps de consulter l'inclination de son frère, quand même il aurait pu penser qu'il trouverait quelque objection à laisser suivre à son neveu la glorieuse carrière de ses ancêtres. Enfin, pour conclure, Édouard, après avoir sauté avec une rapidité extraordinaire par-dessus les grades de cornette et de lieutenant, était maintenant le capitaine Waverley dans le — régiment de dragons qu'il devait joindre dans ses quartiers au bout du mois à D — en Écosse.

Sir Everard Waverley reçut cette nouvelle avec une certaine émotion. A l'époque où la maison de Hanovre monta sur le trône, il s'était retiré du parlement, et sa conduite, dans l'année mémorable de 1715 (1), n'avait pas été exempte de soupçon. On parla de revues secrètes de tenanciers à cheval faites au clair de la lune,

(1) La première tentative de révolution en faveur du Prétendant. — Éd.

dans Waverley-Chase, et de plusieurs caisses de fusils et de pistolets, adressées de Hollande au baronnet, et interceptées par la vigilance d'un officier à cheval de l'accise (1); cet officier, en punition du zèle qu'il avait déployé dans cette circonstance, avait été berné pendant la nuit dans des couvertures par une bande de robustes paysans. Bien plus : on disait que lorsque le chef des Torys, sir W.—W.—fut arrêté, on avait trouvé dans la poche de sa robe de chambre une lettre de sir Everard; mais il n'y avait pas là d'acte positif de rébellion, et le gouvernement, content d'étouffer l'insurrection de 1715, avait cru qu'il n'était ni prudent ni sûr d'étendre sa vengeance sur d'autres que ceux qui avaient pris les armes. Sir Everard ne manifestait pas des craintes personnelles qui parussent justifier les bruits qui circulaient sur son compte parmi les Whigs du voisinage. C'était une chose bien connue qu'il avait aidé de son argent les malheureux habitans de Northumberland et d'Écosse qui, faits prisonniers à Preston, avaient été renfermés dans les prisons de Newgate et de Marshalsea; son solliciteur et son conseil ordinaire (2) s'étaient chargés de la défense de ces infortunés pendant leur

(1) L'excise ou accise était dans l'origine un impôt sur la consommation, qui n'avait d'abord lieu que sur la bière et le cidre, mais qui s'est beaucoup étendu depuis 1643, époque de son établissement. — Éd.

(2) Nous aurons l'occasion de définir les diverses dénominations des avocats anglais et écossais. Les tribunaux anglais sont très-multipliés et les formalités judiciaires très-compliquées. Les solliciteurs (*sollicitors*) sont une espèce d'avoués qui instruisent et suivent les procès aux cours d'équité. Aux tribunaux civils de Westminster, le procureur se nomme *attorney*. Conseil est ici synonyme d'avocat consultant. — Éd.

procès; aussi l'on était généralement persuadé que si les ministres avaient eu quelque preuve réelle de sa participation à la révolte, il n'aurait pas osé braver le gouvernement de fait, ou du moins qu'il ne l'aurait pas fait impunément. Mais les sentimens qui, dans ce temps de troubles, avaient dirigé sa conduite, étaient ceux d'un jeune homme; et depuis lors, le *jacobitisme* de sir Everard avait été en diminuant, comme un feu qui s'éteint faute d'aliment. Il trouvait, il est vrai, aux élections et aux sessions de chaque trimestre de quoi entretenir et manifester ses principes comme Tory et Anglican de la Haute-Église (1). Mais ses opinions sur le droit d'hérédité étaient peu à peu tombées en une sorte de déshérence. Cependant il lui en coûtait de voir son neveu servir sous la dynastie des Brunswick; d'autant plus qu'indépendamment de l'importance qu'il attachait à l'autorité paternelle, il eût été impossible, ou du moins très-imprudent de s'en mêler pour l'empêcher. Cette contrariété, dont il fut forcé de contenir l'expression, lui fit pousser plusieurs *pouahs!* et plusieurs *pshaws* (2)! qui furent mis sur le compte d'une attaque de goutte commençante; jusqu'à ce que, s'étant fait apporter l'*Annuaire militaire* (3), le baronnet se consola en y trouvant les noms des descendans des maisons d'une loyauté éprouvée, tels que les Mordaunt, les Granville et les Stanley; il évoqua toute son ambition de famille et de gloire militaire pour conclure avec un argument analogue à celui

---

(1) *High-church-man.* Voyez une note précédente sur ces mots.
— Éd.

(2) Interjections anglaises de mauvaise humeur. — Éd.

(3) *The army-list.* — Éd.

de Falstaff (1), que lorsque la guerre va s'allumer, n'y aurait-il qu'un seul parti que l'honneur ordonnât de suivre, il serait encore plus honteux de rester oisif que d'embrasser le plus mauvais parti, quelque noir que la rébellion puisse le rendre. Quant à miss Rachel, les choses n'avaient pas exactement tourné comme elle l'espérait; mais elle sut se résigner et se conformer aux circonstances. Elle eut la ressource de faire diversion à ses regrets, en s'occupant de l'équipage de campagne de son neveu; et se consola aussi par l'espoir de le voir briller en grand uniforme.

Édouard lui-même éprouva la plus vive émotion et la plus grande surprise en lisant la lettre de son père. Ce fut chez lui, pour me servir des expressions d'un de nos anciens poëmes, comme un feu mis à une bruyère, qui couvre un coteau de fumée, et l'éclaire en même temps d'une sombre flamme. Son précepteur, ou, pour mieux dire, M. Pembroke, car il prenait rarement le titre de précepteur, trouva dans la chambre d'Édouard un fragment poétique qu'il paraissait avoir composé dans les premiers momens de son trouble et de son agitation. M. Pembroke était grand amateur de toute pièce de vers composés par ses amis, et copiés en lignes régulières qui commencent par une majuscule, et ne vont pas jusqu'au bout de la marge. Il communiqua ce précieux trésor à la tante Rachel; elle les lut avec ses lunettes humides de larmes, les plaça dans son *common-place book* (2), parmi des recettes de cuisine et de mé-

---

(1) Dans l'*Henry IV* de Shakspeare. — Éd.

(2) Mot à mot livre *de lieux communs ;* espèce d'album des dames anglaises de l'ancien régime, que continuent quelques dames du nouveau, surtout dans les provinces. — Éd.

decine, de textes tirés de l'Écriture sainte, et des chansons d'amour ou jacobites, qu'elle avait chantées dans sa jeunesse. Ce fragment en fut tiré lorsque ce volume manuscrit, ainsi que plusieurs autres titres authentiques de la famille Waverley, furent confiés à l'éditeur indigne de cette mémorable histoire. Si ces vers n'offrent point un grand intérêt au lecteur, ils serviront du moins, mieux qu'aucun récit, à lui faire connaître le trouble et l'agitation qui régnaient dans l'esprit de notre héros.

> Les rayons du soleil couchant
> Doraient encor le paysage;
> Le lac limpide et transparent
> De ses bords répétait l'image,
> Les dernières clartés du jour,
> L'or et la pourpre des nuages,
> Le rocher et la vieille tour,
> L'arbre touffu, les fleurs sauvages.
> Le doux éclat de ce tableau
> Semblait tenir de la magie,
> C'était comme un monde nouveau
> Dans le sein de l'onde assoupie.
> Mais soudain d'aigres sifflemens
> Du lac réveillent le Génie :
> Le chêne altier gémit et plie
> Sous les coups répétés des vents.
> Tel qu'un guerrier qui, des batailles
> Entendant soudain le signal,
> Court à d'illustres funérailles
> Dans son appareil martial,
> Le Génie aux cris de l'orage
> Répond par des cris effrayans.
> De son manteau les plis flottans
> Couvrent à demi son visage;
> L'éclair étincelle en ses yeux;
> De sa couche il se précipite :
> Sur son front un flot écumeux
> Tel qu'un fier panache s'agite.....
> Adieu le charme de ces lieux ;
> Adieu, songes délicieux !

> Près la vieille tour je m'arrête....
> Pour mon cœur, dans cette tempête.
> Il est un étrange plaisir
> Que je ne saurais définir :
> Comme aux approches d'une fête,
> Je le sens palpiter, frémir (1).
> Ainsi la Vérité sévère,
> Brisant la glace mensongère
> Que nous présentait le bonheur
> Sous la forme d'une bergère,
> De notre jeunesse légère,
> Vient troubler le rêve enchanteur.
> Adieu le doux désir de plaire ;
> Adieu l'amour !.... Au champ d'honneur
> M'appelle la trompe guerrière (2)

En simple prose, car peut-être ces vers ne le disent pas aussi clairement, l'image de miss Cecilia Stubbs s'effaça du cœur du capitaine Waverley, au milieu du trouble que ses nouvelles destinées y excitèrent, il est vrai que le dimanche où il assista pour la dernière fois au service divin, dans la vieille église de sa paroisse, miss Cecilia Stubbs se montra dans toute sa splendeur au banc de son père. Et dans cette occasion, Édouard, à l'invitation de son oncle et de sa tante, (et sans se faire beaucoup prier, à dire vrai,) se présenta en grand uniforme.

Il n'y a pas de moyen plus sûr, pour ne pas avoir une trop haute opinion des autres, que d'en avoir une encore plus haute de nous-mêmes. Miss Cecilia avait employé tous les secours que l'art peut offrir à la beauté ;

---

(1) Cette idée se retrouve dans un passage de *Childe-Harold* (chap. III), imité par M. de L*** sous le titre de *l'Ami de la Tempête*. — Éd.

(2) L'auteur a voulu ici faire de la poésie *de jeune homme ;* mais le début de ce morceau est plein de grace. — Éd.

mais hélas! les jupes à baleine, les mouches, les cheveux frisés, et une robe neuve de vraie soie française, furent choses perdues pour un officier de dragons qui portait pour la première fois son chapeau galonné, ses bottes et son épée. Je ne sais si, semblable au champion d'une ancienne ballade,

> Il ne brûlait que pour l'honneur.
> Vainement les yeux d'une belle
> Auraient voulu toucher son cœur :
> Il était de glace pour elle.

Ou peut-être les brandebourgs brillans d'or brodé qui couvraient sa poitrine, défiaient les traits brûlans que lui décochaient les yeux de miss Cecilia ; aucun de ces traits ne put l'atteindre.

> Mais je vis où tomba le trait de Cupidon ;
> Certes, ce ne fut pas sur une fleur champêtre,
> Mais sur Jonas, la fleur des galans du canton,
> Fils de Culbertfield, intendant de son maître (1).

Demandant pardon de mes vers héroïques, car il est des cas où je ne puis résister à ma verve, j'ai le regret d'annoncer qu'il nous faut dire adieu à la belle Cecilia

---

(1) Pour comprendre ces vers, il est bon de savoir qu'ils sont la parodie de ceux où Oberon, interprète d'une des flatteries les plus adroites de Shakspeare, raconte que la flèche de l'amour ne put atteindre le cœur chaste de la reine Elizabeth, et alla tomber sur une modeste fleur des champs, espèce de violette (*viola grandiflora*) appelée en anglais *love-in-idleness* (l'amour-en-loisir, ou l'amour-en-oisiveté). Cette fleur, blanche jadis, est tachetée de rouge depuis cette époque.

Yet did I mark where Cupid's shaft did light, etc.

Voyez *le Songe d'une nuit d'été*, acte II. — Éd.

qui, comme mainte autre fille d'Ève, après le départ d'Édouard et la perte de certaines illusions flatteuses dont elle s'était bercée, se contenta tranquillement d'un *pis-aller*. Au bout de six mois elle donna sa main au susdit Jonas, fils de l'intendant du baronnet, héritier de la fortune d'un intendant (avenir séduisant!), et qui avait de plus l'agréable perspective de succéder à son père dans son emploi. Tous ces avantages ébranlèrent M. Stubbs, et sa fille trouva un motif puissant d'accepter l'offre qu'on lui faisait, dans les formes mâles et l'air de santé du prétendant. On fut donc moins scrupuleux sur l'article de la naissance, et le mariage fut conclu. Personne n'en ressentit un plaisir plus vif que la tante Rachel, qui jusqu'alors, malgré son bon naturel, avait toujours regardé de travers cette présomptueuse. Mais lorsqu'elle vit les deux fiancés à l'église, elle daigna honorer la jeune épouse d'un sourire et d'une révérence profonde, en présence du recteur, du desservant, du sacristain et de tous les dignitaires des paroisses réunies de Waverley et de Beverley (1).

Je demande pardon, une fois pour toutes, à ceux de mes lecteurs qui ne lisent des romans que pour s'amuser, si je les fatigue si souvent de cette vieille politique de *Wighs* et de *Torys*, de *jacobites* et d'*hanovriens* (2); mais la vérité est que je ne puis leur promettre que cette histoire serait intelligible sans cela. Mon plan veut que j'explique tous les motifs d'après lesquels marche l'ac-

(1) La paroisse de Beverley dépendant du rectorat de Waverley est desservie par un *curate*. On comprend la différence qu'il y a entre le *rector* et le *curate* (desservant par procuration). — Éd.

(2) *Jacobites*, partisan de Jacques (Jacobus). *Hanovriens*, partisans de l'électeur de Hanovre. — Éd.

tion. Or ces motifs prenaient nécessairement leur source dans les sentimens, les préjugés et les opinions des divers partis. Je n'invite pas mes belles lectrices à qui leur sexe et leur impatience donne tous les droits de se plaindre des détails, je ne les invite pas à prendre place dans un char traîné par des hippogriffes, ou volant dans les airs par enchantement; ma voiture est l'humble chaise de poste anglaise, à quatre roues, et ne s'écartant pas de la grande route royale. Ceux à qui déplaira cette société pourront la quitter dès la première halte, et y attendre le tapis merveilleux du prince Hussein, ou la guérite volante de Malek le tisserand (1). Ceux qui se contenteront de venir avec moi seront parfois exposés à l'ennui inséparable d'une longue route, où l'on éprouve tous les inconvéniens des côtes à gravir, des fondrières à traverser, et autres retards de ce bas monde. Mais graces à des chevaux passables et à un conducteur honnête (style des avis au public), je m'engage aussi à arriver dans un pays plus pittoresque et plus romantique, si mes voyageurs veulent bien patienter pendant mes premiers relais (2).

(1) *Mille et une nuits*. — Éd.

(2) On remarque encore dans ce chapitre le style comique et figuré des digressions de Fielding. — Éd.

CHAPITRE VI.

Les adieux de Waverley.

Le soir de ce dimanche mémorable, sir Everard entra dans la bibliothèque. Il faillit y surprendre notre jeune héros, s'exerçant à l'escrime avec la vieille épée de sir Hildebrand, qui, conservée comme un précieux héritage, restait habituellement suspendue au-dessus de la cheminée, sous le portrait équestre du chevalier; son visage était presque entièrement caché par son immense perruque, et le Bucéphale l'était par l'ample manteau de chevalier du Bain, dont sir Hildebrand était décoré. Sir Everard entra; et, après avoir jeté un coup d'œil sur le portrait et un autre sur son neveu, il commença un petit discours que bientôt cependant il continua avec la simplicité naturelle de sa conversation ordinaire, mais ému par des sentimens inaccoutumés : — Neveu, dit-il, neveu!..... Il se reprit aussitôt pour dire : Mon cher Édouard, vous nous quittez pour adopter la profession militaire où plusieurs de vos ancêtres se sont distingués ; c'est la volonté de Dieu et celle de votre père à qui c'est votre devoir d'obéir après Dieu. J'ai fait toutes les dispositions nécessaires pour que vous puissiez entrer en campagne comme il convient au descendant et à l'héritier probable des Waverley. J'ose espérer, monsieur, qu'au champ d'honneur vous vous rappellerez quel nom vous portez.... Édouard !.... mon cher enfant ! rappelez-vous que vous êtes le dernier de cette race ; que c'est sur vous seul que repose l'espérance de la voir se perpétuer. Évitez donc les dangers, autant que l'honneur et vos devoirs vous le permettront ; je veux dire tout danger non nécessaire. Fuyez la société des libertins, des joueurs et des Whigs, dont il est à craindre que vous ne trouviez qu'un trop grand nombre au service. Votre colonel, m'a-t-on dit, est un excellent homme pour un presbytérien. Mais vous n'oublierez jamais vos devoirs envers Dieu, — envers l'église d'Angleterre... — Ici il allait ajouter, selon la rubrique, ces mots *et le roi*, — mais comme, par malheur, il en reconnaissait deux, l'un de *fait*, l'autre de *droit*, le chevalier termina autrement sa phrase : — l'église d'Angleterre et *toutes les autorités constituées.*

Sans se jeter dans un plus long discours, il conduisit Édouard dans les écuries pour lui montrer les chevaux qu'il lui avait destinés pour son entrée au service. Deux étaient noirs, d'après l'uniforme du régiment ; c'étaient de superbes chevaux d'escadron ; trois autres également vifs et forts étaient pour la route ou pour les domestiques. Deux laquais du château devaient l'accompagner; et s'il avait besoin d'un valet de plus, il pourrait le choisir en Écosse.

— Vous vous mettrez en route, dit le baronnet, avec une suite bien modeste, comparée à celle de sir Hildebrand, lorsqu'il passa en revue devant les portes du château.... un corps de cavalerie plus nombreux que votre régiment entier! J'aurais bien désiré que les vingt jeunes gens de mes domaines qui se sont enrôlés dans votre compagnie eussent fait route avec vous jusqu'en Écosse, c'eût été quelque chose au moins, — mais on m'a dit que ce serait manquer à l'ordre établi de nos jours, où l'on cherche par tous les moyens possibles à briser les liens de dépendance qui attachent le vassal au seigneur.

Sir Everard n'avait rien négligé pour obvier à la coutume contre nature du temps. Il avait en quelque sorte doré la chaîne qui devait unir les recrues et leur jeune capitaine, non-seulement par un copieux repas d'adieu, où le bœuf et l'ale ne furent pas ménagés, mais encore par un don pécuniaire plus propre à entretenir le goût de la bonne chère pendant la route que la discipline. Après avoir inspecté les chevaux, sir Everard reconduisit son neveu dans la bibliothèque, où il lui remit une lettre pliée avec soin; elle était entourée, suivant l'usage ancien, avec un ruban de soie, et scellée par le cachet portant l'écusson de la famille de Waverley. Cette épître était adressée avec toute l'étiquette du temps : — *A Cosme-Comyne Bradwardine, esq. de Bradwardine, en sa principale demeure de Tully-Veolan, dans le Perthshire, North-Britain* (1). *Cette lettre lui sera remise*

(1) Écosse. — Éd.

par Édouard Waverley, neveu de sir Éverard Waverley-Honour, bart.

Le gentilhomme à qui cette énorme épître était adressée, et dont nous aurons occasion de reparler dans la suite, avait pris les armes en 1715 pour les Stuarts exilés, et fut fait prisonnier à Preston, dans le Lancashire. Il était issu d'une famille très-ancienne, mais d'une fortune un peu embarrassée; c'était un lettré à la manière des Écossais, c'est-à-dire qu'il avait beaucoup appris, mais sans méthode : c'était plutôt un *liseur* qu'un critique ou un grammairien.—Il avait donné, disait-on, un exemple rare de son amour pour les auteurs classiques. Sur la route de Preston à Londres, il était parvenu à s'échapper de ses gardes, mais le lendemain, on le retrouva errant d'un air de nonchalance, non loin de l'endroit où il avait couché la veille; il fut reconnu et arrêté de nouveau. Comme ses camarades, et même les gens de son escorte, lui témoignaient leur étonnement de ce qu'il n'avait pas profité de l'occasion pour se mettre au plus vite en lieu de sûreté, il leur répondit naïvement, — que c'était bien son projet, mais que de bonne foi il était venu chercher son *Tite-Live* qu'il avait oublié dans le trouble de son évasion. — Ce trait de simplicité frappa le gentilhomme qui, comme nous l'avons dit, était payé par sir Everard et peut-être par plusieurs autres, pour se charger de la défense des malheureux prisonniers. Il était lui-même grand admirateur de l'historien de Padoue, quoique probablement son admiration n'aurait pas été si loin, eût-il été question de découvrir le Tite-Live de Sweynheim et de Paunartz (qui passe pour être l'*editio prin-*

---

(1) *Bart.*, abrévation de *baronnet; esq.*, abrév. d'*esquire*. — ÉD.

ceps;) (1) mais il n'en estima pas moins l'enthousiasme de l'Écossais, et s'évertua si bien pour écarter ou atténuer les preuves de sa culpabilité, pour découvrir des vices de forme dans la procédure, et *cætera*, qu'il réussit à sauver Cosme-Comyne Bradwardine de certaines conséquences très-désagréables d'une action portée devant notre souverain seigneur le roi, aux cours de Westminster.

Le baron de Bradwardine, comme on l'appelait généralement en Écosse (ses amis lui donnaient ordinairement le nom de Tully-Veolan, et plus souvent celui de Tully) (2) ne fut pas plus tôt *rectus in curiâ* (3), qu'il se rendit en poste au château de Waverley-Honour, pour présenter ses respects et ses remerciemens à sir Everard. Une même passion pour la chasse et les autres amusemens de la campagne, et une conformité générale d'opinions politiques, cimentèrent leur amitié, malgré la différence de leurs habitudes et de leurs études sous d'autres rapports. Après un séjour de plusieurs semaines, Bradwardine prit congé de sir Everard, n'épargnant pas

(1) Qu'il nous soit permis de faire observer en passant que l'auteur anonyme de *Waverley* montre encore ici *un bout de l'oreille*, en faisant voir qu'il est bibliomane lui-même ; mais nous le reconnaîtrons surtout à ce titre dans le portrait du laird de Monkbarns (l'*Antiquaire*). — Ed.

(2) Il y a peut-être une intention d'équivoque classique dans ce dernier surnom familier ; car les Anglais donnent souvent à Cicéron (*Tullius Cicero*) le nom familier de Tully; ou plutôt l'auteur a préparé l'équivoque en donnant à dessein le nom imaginaire de Tully-Veolan au château de Bradwardine. Ces noms caractéristiques sont fréquens dans les comédies et les romans chez les Anglais. — Ed.

(3) C'est-à-dire *hors de cour*, justifié au tribunal. — Ed.

les expressions de son estime et de son affection, et pressant avec instance le baronnet de lui rendre sa visite, pour chasser avec lui la grouse (1), dans ses bruyères du Perthshire. Peu de temps après, M. Bradwardine envoya d'Écosse une somme en remboursement des frais de son procès devant la haute-cour du roi, à Westminster. Quoique cette somme, réduite en valeur d'Angleterre, ne parût plus aussi forte qu'elle l'était en sa forme primitive de pounds, shillings et pences d'Écosse (2), elle fit une impression si terrible sur Duncan Macwheeble, le facteur confidentiel du laird (3),

(1) Espèce de gélinotte ou coq de bruyère particulier à l'Écosse et aux comtés du nord de l'Angleterre. C'est le *tetrao scoticus* de Linnée. On le nomme en écossais *grouse*, et aussi *moorfowl*, oiseau des bruyères. Un *moor* est une bruyère sauvage, quelquefois pierreuse et quelquefois coupée de fondrières. A son titre d'habitant des Highlands, le *tetrao scoticus* mérite bien une mention particulière. Il diffère essentiellement du *ptarmigan* ou *tetrao lagopus* (le lagopède) : celui-ci est presque blanc et habite les cimes des montagnes, tandis que le *tetrao scoticus* ne fréquente que les *moors* et le fond des *glens* (vallon irrégulier entre deux montagnes). Son plumage est sans mélange de blanc, d'un beau brun mordoré, avec de légères bandes de noir, etc. La chair de la grouse est aussi bien plus délicate que celle du ptarmigan. Cet oiseau encore une fois mérite d'être signalé dans le commentaire des œuvres d'un poète chasseur tel que l'*auteur de Waverley*. — ÉD.

(2) La livre d'Écosse n'est que la vingtième partie de la livre sterling ou d'Angleterre : un pound d'Écosse ne vaut donc qu'un shelling.

(3) Laird. Ce mot est évidemment le même que celui de lord. Mais il est devenu spécial pour désigner un propriétaire seigneurial d'Écosse, et il répond assez souvent au mot et au rang de *squire*, seigneur de campagne. Sir Walter Scott a défini lui-même dans un article de critique le *laird* une variété écossaise du *squire-genus* du genre squire. Laird est quelquefois synonyme de *chief* dans

son baron-bailli (1) et son homme de ressource, qu'il en eut un accès de colique qui dura cinq jours, et occasioné, dit-il, uniquement par la douleur d'être le malheureux instrument destiné à faire sortir tant d'argent d'Écosse pour être versé dans les mains de ces perfides Anglais. Si le patriotisme est le plus beau des sentimens, il est souvent un masque très-suspect; plusieurs personnes qui croyaient bien connaître le bailli Macwheeble, étaient persuadées que ses regrets n'étaient pas tout-à-fait désintéressés, et qu'il aurait moins regretté l'argent payé aux coquins de Westminster, s'il n'était pas provenu du domaine de Bradwardine, dont il était accoutumé à regarder le revenu comme sa propriété plus particulière; mais le bailli protestait de son désintéressement absolu :

<blockquote>Je gémis pour l'Écosse et non pas pour moi-même.</blockquote>

Quant au laird, il se réjouissait d'avoir remboursé les sommes que son digne ami, sir Everard Waverley de Waverley-Honour avait passées au compte de la maison de Bradwardine; il y allait de l'honneur de sa maison et de la gloire nationale, s'il avait mis le moindre retard à payer cette dette. Sir Everard, habitué à ne traiter qu'avec indifférence des sommes bien plus

---

les highlands. Il y a en Écosse des *lords* et des *lairds*, mais *lord* se prononce comme laird, même quand il signifie un *milord*. Le simple laird est toujours le possesseur d'un domaine. Il y a encore le mot *cocklaird* qui équivaut à celui de *gentleman farmer*. — Éd.

(1) Le baron-bailli est l'agent d'un propriétaire baron, un véritable vice-baron par ses fonctions dans le bourg-baronie. — Éd.

considérables, reçut 294 liv. 13 s. 6 d. (1), sans se douter que l'honneur des deux nations était entré pour beaucoup dans la prompte rentrée de cette avance; et même l'aurait-il entièrement oubliée si le bailli Machweeble avait pensé à soulager sa colique en interceptant ce subside. Depuis lors, il s'établit entre Waverley-Honour et Tully-Veolan l'échange annuel d'une courte lettre, d'un panier et d'un baril ou deux des productions des deux pays. L'exportation anglaise consistait en énormes fromages, en bière excellente, en faisans et venaison. L'Écosse, en retour, expédiait des grouses, des lièvres blancs, du saumon salé et de l'usquebaugh (2). Tous ces dons étaient envoyés et reçus réciproquement comme des gages d'une amitié constante entre ces deux nobles maisons: il était donc naturel et convenable que l'héritier présomptif de celle de Waverley ne partît pas pour visiter l'Écosse sans lettres de créance pour le baron de Bradwardine.

Cette affaire une fois réglée et terminée, M. Pembroke manifesta le désir d'avoir une entrevue particulière d'adieu avec son cher élève. Le brave homme mêla ses préjugés politiques aux exhortations qu'il adressa à Édouard pour lui recommander une conduite pure, une morale sévère, la constance à ses principes de religion, et le soin d'éviter la compagnie profane des railleurs impies et des latitudinaires (3), qui n'étaient que trop nom-

(1) 294 livres 13 shellings et 6 deniers *sterling*. — Éd.

(2) De peur qu'on ne confonde l'usquebaë avec le scubac, nous dirons que l'usquebaugh et le whisky sont la même chose, et que le whisky est une eau-de-vie d'orge fermentée. — Éd.

(3) Sectaires protestans auxquels on attribuait des principes peu sévères, et qui croyaient qu'on pouvait se sauver dans toutes les sectes. — Éd.

breux à l'armée. — Le ciel a voulu, dit-il, en punition sans doute des péchés de leurs ancêtres en 1642 (1), que les Écossais restassent dans un état plus déplorable de ténèbres que même ce malheureux royaume d'Angleterre. Ici du moins, ajouta-t-il, quoique le candelabre de l'église anglicane ait été, en quelque sorte, ôté de sa place, il fournit encore une lumière vacillante; il existe encore une hiérarchie, quoique très-ambiguë, et s'écartant des principes maintenus par ces illustres pères de l'Église Sancroft (2) et ses frères; il existe une liturgie, quoique cruellement pervertie dans quelques-unes des principales prières; mais en Écosse, tout est ténèbres, excepté quelques tristes restes épars et persécutés des fidèles; les chaires sont toutes abandonnées aux presbytériens, et, je le crains même, aux sectaires de toutes sortes. C'est donc mon devoir de munir mon cher élève des moyens de résister à tant de doctrines impies et pernicieuses, en fait de gouvernement et de culte, qu'il sera forcé malgré lui d'écouter de temps à autre.

Ici M. Pembroke lui présenta deux énormes paquets qui semblaient contenir chacun une rame entière de papier manuscrit. C'était le travail de toute la vie du digne homme, et jamais temps et peine ne furent perdus d'une manière plus inutile et plus désagréable. Il avait fait une

(1) Les Écossais sont accusés d'avoir trahi et vendu Charles I.
— Éd.

(2) Sancroft, archevêque de Cantorbéry en 1677. En 1678 ce prélat et six de ses suffragans furent envoyés à la Tour pour avoir présenté au roi une pétition contre la prétendue déclaration de conscience de Jacques II, dernier acte de la politique jésuitique qui acheva la ruine de ce prince. Mais après la révolution de 1688 Sancroft refusa d'adhérer à l'usurpation du prince d'Orange.
— Éd.

fois le voyage de Londres, dans l'intention de publier ce manuscrit par l'intermédiaire d'un libraire de la Petite-Bretagne (1), très-connu pour vendre ces sortes d'ouvrages; on lui avait appris à l'aborder avec une phrase particulière et un certain signe qui, à ce qu'il paraît, étaient alors compris des jacobites initiés. A peine M. Pembroke eut-il prononcé le *Shibboleth* (2) avec le geste convenu, et présenté sa lettre, que le bibliopole le gratifia, malgré ses réclamations modestes, du titre de docteur, s'empressa de le conduire dans son arrière-boutique; et, après avoir inspecté tous les coins où il était possible et ceux où il était impossible de se cacher, il commença ainsi : — Eh! docteur! — Eh bien ? — Tout est ici sous la rose. — Bien caché (3). — Je ne laisse pas ici un seul trou

(1) On appelle *Little-Britain* un des plus anciens quartiers de Londres dans les environs de Saint-Paul ; c'est sur les limites de la *Petite-Bretagne* que sont les rues de *Pater noster row* et l'*Ave Maria*, où de temps immémorial ont résidé les libraires de Londres dont plusieurs aujourd'hui ont émigré, il est vrai, dans de plus beaux quartiers. — Éd.

(2) Mot hébreu signifiant *épi de blé* et aussi *torrent*. Pour reconnaître les hommes d'Ephraïm, ceux de Gilead leur faisaient dire ce mot, et s'ils prononçaient le *sh* comme *s* ils étaient égorgés. Dans un sens figuré *Shibboleth* signifie donc un *mot d'ordre*. — Éd.

(3) En véritable habitant d'un quartier savant, et en digne commerçant littéraire, le bibliopole emploie ici une allusion des plus classiques, parmi ses phrases elliptiques et sans verbe ; en voici l'explication : Chez les anciens la *rose* était consacrée à Harpocrate, le dieu du silence, on l'employait donc souvent dans les sculptures et les plafonds des chambres où l'on recevait les hôtes, pour signifier que tout ce qui se disait dans ces lieux était tenu secret. *Être sous la rose* veut donc dire être dans un lieu retiré où l'on peut parler à cœur ouvert. Le reste de la conversation vient à l'appui de notre note. — Éd.

6.

dans lequel pourrait se fourrer même un rat hanovrien. — Et de grace..... — Eh bien, quelles bonnes nouvelles de nos amis de l'autre côté de l'Océan? Comment se porte le digne roi de France? — Ou peut-être venez-vous de Rome? car c'est Rome qui doit un jour terminer tout enfin. — Il faut que l'Église rallume sa chandelle ou la vieille lampe. — Eh bien? — Quoi! encore sur la réserve? Je ne vous en aime que mieux. Mais, pas de crainte. —

Ici M. Pembroke interrompit, non sans quelque difficulté, un torrent de questions accompagnées de signes de tête, de gestes et de coups d'œil significatifs. Ayant enfin convaincu le libraire qu'il lui faisait trop d'honneur en le prenant pour un émissaire du prétendant, il lui expliqua sa véritable affaire.

L'homme des livres, avec un air plus calme, procéda à l'examen des manuscrits. Le premier avait pour titre: — *Dissidence des Dissidens, ou la Compréhension réfutée, démontrant l'impossibilité d'aucune composition entre l'Église et les puritains, presbytériens ou sectaires quelconques; avec les preuves tirées des Écritures, des saints pères et des meilleurs théologiens controversistes* (1). — Après avoir lu ce titre, le libraire dit: — Bonnes intentions, — traité savant sans doute; — mais le temps est passé. — Imprimé en *philo-*

---

(1) Nous donnerons le texte de ce titre et du suivant en faveur des amateurs qui pourront trouver en bouquinant quelques livres analogues à ceux auxquels l'auteur fait allusion : — « *A dissent from dissenters, or the comprehension confuted; shewing the impossibility of any composition between the church and puritans, presbiterians or sectaries of any description; illustrated from the scriptures, the fathers of the church and the soundest controversial divines.* » — Éd.

sophie (1), il ferait au moins huit cents pages, et ne rendrait jamais les frais. Veuillez donc m'excuser..... J'aime et je respecte la véritable Église du fond de mon ame, et si c'était un sermon sur le martyre, — un petit pamphlet à 12 pences, je hasarderais quelque chose pour l'honneur de votre robe. Mais voyons l'autre..... *Le droit d'hérédité justifié.* Ah! il y a quelque sens à celui-ci. Hum, hum, — hum! — Tant de pages; — papier, tant; — impression, tant. — Ah! — Je veux vous dire, docteur; vous devriez élaguer un peu les citations grecques et latines; car c'est lourd, docteur, c'est diablement lourd! — Je vous demande bien pardon, docteur, — il faudrait aussi y mettre un peu plus de chaleur, quelques grains de poivre, comme nous disons. — Je n'ai jamais aimé à critiquer mes auteurs. — J'ai imprimé Drake et Charlwood-Lawton, et le pauvre Amherst, ah! Caleb : pauvre Caleb! c'était une honte de laisser mourir de faim le pauvre Caleb! Et nous avons parmi nous tant de gras Recteurs et de Squires riches! Je lui donnais régulièrement à dîner une fois par semaine; mais qu'est-ce qu'un dîner par semaine, quand un homme ne sait pas où aller pendant les six autres jours? — Eh bien, docteur, je montrerai votre manuscrit au petit solliciteur Tom-Alibi; il est chargé de toutes mes affaires. — Il ne faut pas aller contre le vent. La canaille fut dernièrement très-peu polie dans la cour du vieux palais. — Ce sont tous des Whigs et des Têtes-Rondes, des Guillaumistes et des rats d'Hanovre (2).

(1) *Small-Pica*, terme d'imprimerie. C'est le nom d'un caractère qui équivaut à celui qu'on appelle *philosophie* dans le langage de la typographie française. — Éd.

(2) Expression dont le squire Western se sert souvent pour caractériser les Whigs dans *Tom Jones.* — Éd.

Le lendemain, M. Pembroke retourna chez le libraire-éditeur, qui lui dit franchement que Tom-Alibi lui avait conseillé de ne pas faire cette entreprise. Soyez bien assuré, lui dit-il, que je me laisserais volontiers condamner à — Qu'allais-je dire ? — à aller planter du tabac en Virginie! Mais, mon cher docteur, j'ai une femme et des enfans à nourrir. — Tenez, je recommanderai votre affaire à Trimmel, mon voisin; il est célibataire, et va se retirer du commerce; de sorte qu'un voyage dans un navire des colonies occidentales ne sera pas un grand mouvement pour lui. Mais M. Trimmel fut aussi intraitable ; et peut-être ce fut un bonheur pour M. Pembroke d'être obligé de retourner à Waverley-Honour en remportant sain et sauf, dans ses sacoches, sa défense des principes fondamentaux de l'Église et de l'État.

Comme, selon toute apparence, le public était menacé d'être privé du bienfait de ses élucubrations par la lâcheté égoïste des libraires, M. Pembroke se mit à transcrire ces formidables manuscrits pour l'usage de son élève. Il sentait qu'il avait été indolent comme précepteur, et de plus sa conscience lui reprochait la faiblesse qu'il avait eue, en cédant à la recommandation faite par M. Richard Waverley, de ne pas inculquer à son fils des principes opposés à ceux du gouvernement actuel. — Maintenant qu'il n'est plus sous ma tutelle, se dit-il, je puis, sans manquer à ma parole, lui fournir les moyens de se conduire lui-même d'après des règles sûres. Si j'ai quelque reproche à craindre ou à me faire, c'est d'avoir caché si long-temps sous le boisseau la lumière que cette lecture va faire jaillir à ses yeux. Pendant qu'il se livrait tout entier à ces rêveries d'auteur et de politique, son cher néophyte, ne trouvant rien de bien attrayant dans les titres des deux traités, — effrayé d'ailleurs de la masse compacte et des lignes serrées de ces manuscrits, les déposa tranquillement dans un coin de sa malle.

La tante Rachel fit ses adieux en peu de mots, mais très-affectueusement. Elle se contenta d'inviter son jeune Édouard à se tenir en garde contre les charmes séducteurs des belles de l'Écosse. — Je sais, lui dit-elle, que dans le nord, il se trouve quelques anciennes familles; mais, hélas! elles sont presque toutes Whigs et presbytériennes, si l'on en excepte les Highlanders. Je suis même obligée de vous dire que je n'ai pas une très-haute idée de la délicatesse des dames de ces contrées; car on m'a assuré qu'elles souffrent que les hommes portent un costume très-singulier, pour ne rien dire de plus, et nullement convenable (1). Elle termina ses adieux au jeune officier en lui donnant sa bénédiction avec une touchante bienveillance, et lui remit en même temps une bague enrichie de diamans, et une bourse remplie de ces larges pièces d'or qu'on voyait plus communément à cette époque que de nos jours (2).

(1) Allusion à l'absence de ce vêtement que la pudeur anglaise appelle les *inexprimables*. — Éd.

(2) Trait contre l'abondante émission du papier-monnaie et la rareté de l'or en Angleterre. — Éd.

CHAPITRE VII.

Garnison de cavalerie en Ecosse.

Le lendemain, dès le grand matin, Édouard, agité de mille sentimens opposés, mais parmi lesquels dominait une inquiétude presque sérieuse, en se voyant entièrement abandonné à lui-même, partit du château, au milieu des bénédictions et des larmes de tous les vieux domestiques et des habitans du village ; on lui remit aussi quelques pétitions adroites, pour obtenir des grades de brigadiers, de maréchaux-des-logis, etc. Les pétitionnaires déclaraient qu'ils n'auraient jamais consenti à laisser partir et Jacob et Giles et Jonathan, si ce n'eût été pour accompagner Son Honneur (1), comme c'était

(1) On dit *Votre Honneur*, *Son Honneur*, en Angleterre dans le même sens qu'en espagnol on dit *Votre Grace*, *Vuestra Merced*. Nous disons en français Votre Seigneurie ; mais nous attachons alors plus d'importance à cette expression. — Ed.

leur devoir. Édouard, comme *c'était aussi son devoir*, se débarrassa des pétitionnaires avec des promesses; mais il en fit moins cependant qu'on aurait pu en attendre d'un jeune homme qui connaissait si peu le monde. Après avoir fait une courte visite à Londres, il continua sa route à cheval (manière de voyager alors générale) jusqu'à Edimbourg, et de là à D***, port de mer sur la côte orientale du comté d'Angus (1), où son régiment était alors dans ses quartiers.

Il entrait dans un autre monde, où tout lui parut d'abord charmant, parce que tout était nouveau. Le colonel G***, qui commandait le régiment, était lui-même une étude pour un jeune homme non moins curieux que romanesque; il était grand, bien fait et très-actif, quoique déjà d'un âge avancé; il avait été dans sa jeunesse ce qu'on appelle, par manière de palliatif, un jeune homme fort dissipé. En religion, il avait vécu dans le doute, sinon dans l'incrédulité, avant d'être devenu un esprit sévère et même enthousiaste; il circulait plusieurs contes étranges sur sa conversion subite et sur le changement extraordinaire qui s'était opéré en lui. On se disait à l'oreille qu'il avait eu une révélation surnaturelle, quoique visible aux sens extérieurs; mais, s'il passait généralement pour exalté, personne n'osait le taxer d'hypocrisie. Cette circonstance mystérieuse fit une profonde impression sur l'esprit du jeune officier, et le pénétra d'un sentiment particulier d'intérêt pour le colonel G***. On s'imagine aisément que, sous un tel chef, les officiers du régiment doivent former une société plus calme et plus régulière que ne l'est ordinairement un corps d'officiers, et que Waverley se trouva préservé de beaucoup

(1) Dundee est la ville désignée par cette initiale. — ED.

de tentations qu'il aurait rencontrées dans tout autre régiment.

Il s'occupa des soins de s'instruire des devoirs de son grade ; il connaissait depuis long-temps l'art de l'équitation ; il s'appliqua à celui du manège, qui, dans sa perfection, semble réaliser la fable du centaure, puisque les évolutions du cheval paraissent plutôt l'effet de la volonté de son guide que l'effet d'un mouvement ou d'une impulsion extérieure. Il se fit instruire dans tous les détails des obligations qu'il avait à remplir ; mais, lorsque sa première ardeur fut passée, ses progrès furent moins rapides qu'il ne l'avait espéré. Les devoirs d'un officier paraissent d'une importance extraordinaire à ceux qui ne les connaissent pas, à cause de l'appareil extérieur qui les accompagne ; mais, dans le fait, ce n'est qu'une routine sèche et aride, une espèce de calcul qui ne demande que de l'attention, une tête froide et le simple bon sens. — Notre héros fut sujet à des distractions qui firent rire ses camarades à ses dépens, et lui attirèrent des réprimandes de la part de ses chefs. Il éprouva la conscience pénible de son infériorité dans celles des qualités de sa nouvelle profession qui semblaient surtout mériter et obtenir les éloges : il se demandait en vain pourquoi son œil ne jugeait pas aussi bien les distances que ceux des autres officiers ; pourquoi il ne réussissait pas aussi bien qu'eux à calculer tous les mouvemens des diverses évolutions dans un espace donné ; pourquoi sa mémoire, naturellement si fidèle, ne pouvait retenir les mots techniques ni les détails de l'ordre et de la discipline. — Édouard était modeste : il n'avait donc point la sotte présomption de croire que ces détails minutieux fussent indignes de lui, et qu'il était né général, parce qu'il ne faisait qu'un médiocre subalterne. La vérité est que son habitude d'étudier sans ordre et sans plan avait augmenté sa distraction naturelle, et l'avait rendu incapable d'une application sérieuse et soutenue.

Cependant le temps s'écoulait rapidement, mais sans profit et sans plaisir pour lui. Les officiers étaient mal vus par les gentilshommes du voisinage, qui, étant mal disposés pour le gouvernement, montraient peu d'hospitalité aux militaires; et les bourgeois de la ville, uniquement occupés de leurs intérêts mercantiles, menaient un genre de vie qui n'engageait pas beaucoup Waverley à se lier avec eux. L'approche de la belle saison et le désir de mieux connaître l'Écosse le portèrent à demander un congé pour s'absenter pendant quelques semaines. Il se décida à commencer ses excursions par une visite à l'ancien ami de son oncle, se proposant de régler son séjour dans cette famille d'après les circonstances. Il partit à cheval, accompagné d'un seul domestique; il passa la nuit dans une mauvaise auberge, dont l'hôtesse ne portait ni bas ni souliers; et l'hôte, qui prenait le titre de gentilhomme, était loin de regarder notre officier de bon œil, parce que celui-ci ne l'avait pas prié de lui faire le plaisir de partager son souper. Le lendemain, Édouard traversa un pays tout-à-fait découvert, et s'approcha insensiblement de ces montagnes du Perthshire, qui, de loin, ne lui paraissaient qu'une ligne d'azur au milieu de l'horizon, mais dont les masses gigantesques s'élèvent avec un air de menace et de défi au-dessus de la contrée plus égale qui s'étend à leurs pieds. Au bas de cette barrière majestueuse, mais encore dans les Lowlands, habitait Cosme-Comyne Bradwardine de Bradwardine; et, si l'on doit ajouter foi à la vieillesse en cheveux blancs, c'est là que ses ancêtres avaient constamment fait leur résidence héréditaire depuis le règne du gracieux roi Duncan (1).

(1) Le roi Duncan (le prédécesseur de Macbeth) régnait en 1034. — Éd.

CHAPITRE VIII.

Manoir d'Écosse il y a soixante ans.

Ce fut vers l'heure de midi que le capitaine Waverley entra dans le village à maisons éparses, ou plutôt dans le hameau de Tully-Veolan, auquel était contiguë l'habitation du propriétaire du manoir de ce nom. Les maisons annonçaient une misère extrême, surtout pour des yeux accoutumés à la riante propreté des cottages de l'Angleterre. Elles étaient placées, sans égard pour la régularité, de chaque côté d'une rue non pavée, où les enfans, presque dans leur état de nudité primitive, se roulaient sur la terre, au risque d'être écrasés par les premiers chevaux qui viendraient à passer. Parfois, il est vrai, lorsque cet événement semblait inévitable, quelque vieille grand'mère, qui les surveillait, avec son bonnet étroit, sa quenouille et son fuseau, s'élançait comme une sybille en fureur d'une de ces misérables huttes, s'arrêtait au milieu du chemin, s'emparait de son marmot à tête blanche, le saluait d'un soufflet vigoureux, et le transportait dans son réduit. Le petit varlet tirait des cris aigus et perçans du plus profond de ses poumons pour répondre aux reproches grondeurs de la matrone en colère. Une vingtaine de mâtins hargneux et vagabonds faisaient leur partie dans ce concert, ne cessant de japper et de hurler, et cherchant à mordre les jambes des chevaux. On était tellement habitué autrefois à ce désagrément en voyageant en Écosse, qu'un *touriste* (1) français, qui, comme tant d'autres voyageurs, voulait trouver une cause raisonnable de tout ce qu'il voyait, a consigné, parmi les choses curieuses de la Calédonie, qu'on entretient dans chaque village un relai de mâtins, appelés *collies* (2), et destinés à harceler les *chevaux de poste* qui sont tellement maigres que, sans le secours de ce puissant *stimulus*, on ne parviendrait jamais à les faire marcher. Les choses ne sont point changées; le mal et le remède existent; mais cet épisode est étranger à notre histoire; je n'en ai parlé que pour les gens chargés de lever l'imposition mise sur les chiens, d'après le *dog-bill* (3) de M. Dent.

En avançant, Waverley trouvait de loin en loin un vieillard courbé sous le poids de la fatigue et des ans, qui les yeux éteints, autant par l'effet de la fumée que par la vieillesse, s'avançait, en chancelant, vers la porte de sa hutte, pour examiner le riche habillement du voyageur et la belle encolure de ses chevaux. Il se rendait

(1) *A Tour*, excursion, voyage. — Éᴅ.
(2) Chiens roquets, chiens de berger. — Éᴅ.
(3) Bill sur les chiens. — Éᴅ.

ensuite avec ses voisins à la forge du maréchal (1), pour se faire part réciproquement de leurs conjectures sur le but du voyage de l'étranger. Trois ou quatre jeunes filles, qui revenaient du puits ou du ruisseau, portant sur la tête leurs seaux ou leurs cruches, offraient un coup d'œil plus agréable : à les voir, avec leurs simples jupons courts et légers, les bras, les jambes, les pieds nus, et leurs longs cheveux qui, tombant en tresses, formaient toute leur coiffure, on les eût prises pour un de ces groupes charmans que l'on rencontre si fréquemment en Italie. Peut-être un amateur de peinture eût hésité avant de décider quel costume méritait la préférence, soit pour la forme, soit pour l'élégance. Sans doute un Anglais, à la recherche du *confortable*, mot particulier à sa langue, aurait désiré que leurs vêtemens fussent moins rares, leurs pieds et leurs jambes un peu mieux protégés contre l'intempérie de l'air, et leur tête et leur teint contre le soleil; ou peut-être eût-il pensé encore que les personnes et les habillemens auraient beaucoup gagné par une application abondante d'eau de source et d'une quantité suffisante de savon. L'ensemble de ce tableau était triste, parce qu'il semblait annoncer la stagnation de l'industrie, et peut-être celle de l'intelligence. La curiosité elle-même, la passion la plus active des hommes oisifs, semblait être indifférente dans le village de Tully-Veolan ; les mâtins déjà mentionnés en donnaient seuls des preuves bruyantes : chez les villageois elle était en quelque sorte passive. Ils fixaient bien les yeux sur le jeune officier et sur son domesti-

---

(1) Un des rendez-vous des oisifs et des politiques dans les villages. — Ed.

que ; mais sans aucun des mouvemens animés ou des gestes d'empressement avec lesquels ceux qui vivent habituellement dans une paresse monotone courent après les distractions hors de chez eux. Cependant la physionomie du peuple, examinée de plus près, n'avait rien qui annonçât l'indifférence de la stupidité ; les traits des visages étaient durs, mais remarquables par une expression d'intelligence ; graves, mais l'opposé de stupides. Parmi les jeunes femmes, un artiste aurait pu aussi choisir plus d'un modèle qui, par ses formes et son visage, ressemblait à Minerve. Les enfans, dont la peau était noire et les cheveux blanchis par l'influence du soleil, avaient encore par momens un regard expressif et intéressant. Bref, on eût dit que la pauvreté et l'indolence, qui n'est que trop souvent sa compagne, unissaient leur influence pour dégrader le génie naturel et moral d'un peuple robuste, intelligent et réfléchi.

Waverley se livrait à toutes ces pensées, en suivant au pas le chemin rempli de cailloux ; il n'était tiré de ses méditations que par les soubresauts que faisait son cheval lorsqu'il était assailli par ces cosaques de la race canine, les *collies* dont nous avons parlé. Le village avait plus d'un demi-mille de longueur, parce que les chaumières, placées irrégulièrement à droite et à gauche du chemin, étaient séparées par des jardins et par des cours (pour me servir du terme du pays), chacune de forme différente. A cette époque, car il y a soixante ans, la pomme de terre, aujourd'hui si commune, y était inconnue ; mais on y trouvait des choux gigantesques, appelés kails dans le pays, et entourés d'un rempart circulaire d'orties. Çà et là, la ciguë ou le chardon national ombrageaient un quart du petit enclos. Jamais le terrain sur lequel le village était bâti, n'avait été nivelé; de sorte que ces enclos présentaient des inégalités de toute espèce, s'élevant ici en terrasse, et là s'affaissant comme des fosses de tanneur. Entre les murailles en pierre sèche qui protégeaient, ou, pour mieux dire, qui avaient l'air de protéger ces jardins en amphithéâtre de Tully-Veolan (tant les brèches étaient nombreuses), un étroit passage conduisait au champ communal. Là, réunissant leurs travaux, les villageois cultivaient du seigle, de l'avoine, de l'orge et des pois, dans des sillons alternatifs d'une si petite étendue que la surface de cette plaine, d'ailleurs peu productive par cet excès de variété, ressemblait de loin au livre d'échantillons d'un tailleur. Dans quelques endroits plus favorisés, on remarquait derrière les chaumières un misérable wigwam (1) construit avec de la terre, des cailloux et de la tourbe, où les riches du lieu pouvaient peut-être loger soit une vache mourant de faim, soit quelque cheval malade; mais presque toutes les huttes étaient défendues sur le devant par un énorme tas noir de tourbe d'un côté de la porte, et de l'autre par le fumier qui rivalisait de hauteur.

A une portée de trait hors du village, on apercevait des clôtures pompeusement nommées le parc de Tully-Veolan; elles consistaient en plusieurs champs carrés qu'entouraient et partageaient des murs en pierre, de six pieds de haut. Dans le centre de la barrière extérieure était la première porte de l'avenue qui s'ouvrait sous un arceau crénelé par le haut, et orné de deux larges blocs ou piliers massifs, antiques et mutilés, qui,

---

(1) Ce mot signifie généralement une hutte de sauvage. — Ed.

selon la tradition du hameau, représentaient autrefois ou étaient destinés à représenter deux ours rampans, supports des armes de la famille de Bradwardine. Cette avenue était droite dans sa moyenne longueur, et se continuait entre un double rang de vieux marronniers alternant avec des sycomores, dont les rameaux touffus s'entre-croisaient de manière à former une voûte impénétrable. Derrière ce double rang d'arbres vénérables régnaient deux grands murs parallèles non moins antiques, couverts de lierre, de chèvre-feuille et autres plantes grimpantes. L'avenue était peu foulée, et ne l'était guère que par des gens à pied. Aussi comme elle était très-large et constamment à l'ombre, il y croissait partout un gazon abondant, excepté dans le milieu, où un étroit sentier avait été pratiqué par le petit nombre de piétons qui allaient de la première porte à la seconde. Cette seconde porte, comme l'autre, s'ouvrait au milieu d'un mur orné de quelques sculptures grossières, et crénelé, par-dessus lequel on apercevait, à demi-cachés par les arbres de l'avenue, les toits en pente escarpée et les pignons étroits du manoir, avec des espèces de dentelures en escalier et des tourelles aux angles (1). Un des battans de la seconde porte était ouvert; et, comme les rayons du soleil tombaient perpendiculairement dans la cour, une longue trace de lumière en jaillissait jusque sous la sombre avenue. C'était un de ces effets qu'un peintre aime à représenter, et cette

(1) La vignette de ce volume vient au secours de cette description écrite du manoir de Tully-Veolan. Elle représente Craig-Crook, petit château près d'Edimbourg, appartenant aujourd'hui à M. Jeffrey; mais on croit que le Tully-Veolan de WAVERLEY est plutôt le château de Traquair. Voir la *Notice*, etc. etc. — ED.

clarté éclatante se fondait merveilleusement avec les rayons égarés qui trouvaient une issue entre les branches de la voûte de verdure formée par les arbres de l'allée.

La solitude et le calme de cette scène avait quelque chose de monastique ; et Waverley, qui avait remis son cheval à son domestique à la première porte, s'avançait avec lenteur, jouissant de la fraîcheur de l'ombre, et si charmé des idées de repos et de retraite que faisait naître ce lieu paisible, qu'il oublia la misère et la sale boue du village qu'il laissait derrière lui. L'intérieur de la cour pavée correspondait parfaitement à ce qui précédait. La maison, qui paraissait consister en deux ou trois corps de logis très-hauts, très-étroits et à toits escarpés, projetés l'un sur l'autre à angles droits, formait un côté de la clôture. Elle avait été bâtie dans un temps où un *château* n'était plus nécessaire, mais lorsque les architectes écossais ne connaissaient pas encore l'art de distribuer une maison. Les fenêtres étaient nombreuses, et très-petites. Le toit offrait de singulières projections appelées *bartizans* (1), et à chaque angle était une petite tour qui ressemblait plutôt à une poivrière qu'à une tourelle gothique. La façade n'annonçait pas une sécurité absolue contre une attaque. Il y avait des meurtrières, et des étançons aux fenêtres d'en bas, sans doute pour repousser les bandes errantes d'Égyptiens (2), ou pour se dispenser de recevoir la visite des Caterans (3) des montagnes voisines. Un autre côté de la cour était occupé par les étables et les offices. Les

(1) Bartizans ou bertazenne, espèce de créneaux circulaires ou en galerie. — Ed.

(2) Que nous appelons Bohémiens en France. — Ed.

(3) Mot local pour désigner les voleurs de bestiaux. Nous le retrouverons plus loin. — Ed.

premières étaient des voûtes basses, avec des fentes au lieu de fenêtres. Ces étables en forme de cachot, — ressemblaient (comme le remarqua le valet d'Edouard) plutôt à une prison pour des assassins et des voleurs, ou tout autre individu jugé aux assises, qu'à un abri pour du bétail chrétien. — Au-dessus étaient les greniers appelés en Écosse *girnels*, et autres offices auxquels on avait accès par des escaliers extérieurs en maçonnerie grossière. Deux murs crénelés, dont l'un était en face de l'avenue et l'autre séparait la cour du jardin, complétaient l'enclos. La cour avait aussi ses ornemens. A un angle était un pigeonnier en forme de tonneau, circulaire et très-vaste, assez semblable à un édifice curieux, appelé le *four d'Arthur*, qui aurait tourné la tête de tous les antiquaires anglais, si le respectable propriétaire ne l'avait mis à bas pour réparer le mur d'une écluse voisine (1). Ce colombier, — *columbarium*, comme le nommait M. Bradwardine, — n'était pas une médiocre ressource pour un laird écossais de ce temps-là, dont les revenus étaient augmentés par les contributions en nature que ces fourrageurs ailés levaient sur les fermes, et par la conscription à laquelle ils étaient soumis à leur tour au profit de sa table.

Dans un autre angle de la cour était une fontaine où un ours énorme en pierre dominait un large bassin dans lequel sa gueule versait l'eau. Ce chef-d'œuvre faisait l'admiration de la contrée, à dix milles à la ronde. Nous ne devons pas oublier que des ours de toutes les façons,

(1) Cette petite sortie d'antiquaire en faveur d'un monument curieux, détruit par l'ignorance, est encore à remarquer, pour deviner le véritable auteur de Waverley au moyen de ses goûts et de ses opinions particulières. Nous continuerons à les signaler. — Ed.

grands et petits, des ours entiers et des moitiés d'ours étaient sculptés sur les fenêtres et à l'extrémité des pignons, terminaient les gargouilles du toit, et supportaient les tourelles, avec cette devise : Prenez garde a l'ours (*beware the bear*). La cour était vaste, bien pavée et très-propre, parce qu'il y avait probablement une autre issue derrière les écuries pour emporter la litière des chevaux. Le silence profond de cette solitude n'était interrompu que par le bruit de la fontaine, et l'imagination de Waverley continuait à lui représenter un cloître abandonné. Avec la permission du lecteur nous terminerons ici ce chapitre consacré à la description de choses inanimées.

CHAPITRE IX.

Encore quelques mots sur le manoir et ses environs.

Après avoir satisfait sa curiosité en contemplant pendant quelques minutes tout ce qui l'entourait, Waverley saisit l'énorme marteau de la grande porte, dont l'architrave portait la date de 1594; mais il eut beau frapper, aucune réponse ne lui fut faite, quoique le bruit retentit au loin dans tous les appartemens, et fût répété par l'écho de la cour, effrayant les pigeons dans leur vénérable rotonde, et même les chiens du village, qui s'étaient endormis chacun sur son fumier. Fatigué de faire inutilement tant de tapage, et pour obtenir de si bruyantes réponses, Édouard commençait à croire qu'il était comme le victorieux Arthur dans le château d'Orgolio, lorsqu'il fait retentir le château de ses cris:

Nulle voix ne répond à cette voix tonnante,
Un silence de mort règne sous ces lambris,
Et personne à ses yeux ici ne se présente.

Notre héros avait presque l'espoir de rencontrer

« Un vieillard chargé d'ans, à la barbe de neige, »

qu'il pourrait interroger sur cette habitation déserte, lorsqu'il fit un détour et s'approcha d'un petit guichet en chêne, bien garni de clous, qui était pratiqué dans le mur de la cour, à l'angle qu'il formait avec la maison. Cette porte, malgré son apparence de fortification, n'était fermée qu'avec un loquet. Édouard le leva, et entra dans un jardin qui lui présenta un coup d'œil agréable. La façade du midi, couverte d'arbres fruitiers en espaliers et de plusieurs espèces d'arbres toujours verts, s'étendait, irrégulière mais vénérable, le long d'une terrasse pavée en partie, et en partie sablée ou bordée d'arbustes et de fleurs. Cette terrasse descendait dans le jardin proprement dit, par trois escaliers, dont l'un au centre et les deux autres à chaque extrémité. Elle était entourée d'un parapet de pierre avec une lourde balustrade ornée de distance en distance par de grotesques figures d'animaux accroupis, parmi lesquels l'ours se montrait plusieurs fois. Au milieu de la terrasse, entre une porte à châssis et l'escalier central, un énorme animal de cette espèce supportait, avec sa tête et ses pattes de devant, un large cadran sur la circonférence duquel étaient gravées plus de diagrames que les connaissances mathématiques d'Édouard ne le mettaient à même d'en déchiffrer.

Le jardin, qui paraissait entretenu avec le plus grand

soin, et qui abondait en fruits, offrait une profusion de fleurs et d'arbres taillés en figures grotesques. Ce jardin était disposé en plusieurs terrasses qui se succédaient de rang en rang depuis le mur de l'occident jusqu'à un large ruisseau, dont l'eau pure et paisible était comme une limite, mais qui un peu plus loin franchissait avec bruit une forte écluse, cause de sa tranquillité momentanée, et là formait une cascade auprès d'une serre octogone avec une girouette sous la forme d'un ours doré. De là, reprenant la rapidité naturelle de sa fuite, le ruisseau échappait à la vue dans un vallon boisé. Sur la verdure du taillis se détachait une tour en ruine qui avait été la première habitation des barons de Tully-Veolan. La rive opposée au jardin formait une plaine étroite ou un *haugh* (1) comme on l'appelait, qui était une petite pelouse de lavoir. Le second plan de ce bord était couvert de vieux arbres.

Quelque agréable que fût ce jardin, on ne pouvait le comparer à ceux d'Alcine ; — on y trouvait cependant les *due donzelette garrule* (2) de ce paradis enchanteur. En effet, sur la pelouse deux jeunes filles à jambes nues, placées chacune dans une cuve spacieuse, faisaient avec leurs pieds l'office d'une machine à laver, d'invention nouvelle (3); elles ne restèrent point, comme les nymphes d'Armide, pour saluer leur hôte avec la mélodie de leur voix: alarmées à l'aspect d'un bel étran-

(1) Ce mot signifie un bord de rivière ou de ruisseau sujet à être inondé. — Éd.

(2) *Ariosto* : Les deux fillettes *causeuses*. Mais comment rendre tout ce qu'il y a de musical dans *garrule ?*—Ed.

(3) *Patent washing-machine*. Machine à laver, avec *brevet d'invention*. — Éd.

ger, elles laissèrent retomber leurs vêtemens (ou pour mieux dire, leur seul vêtement) pour couvrir leurs jambes, que leur occupation exposait à être par trop en évidence : — *Eh, sirs!* (1) s'écrièrent-elles avec un accent qui exprimait autant la modestie que la coquetterie, et elles se mirent à fuir avec la rapidité du daim.

Waverley commençait à désespérer de pouvoir pénétrer dans cette maison solitaire et comme enchantée, lorsqu'un homme s'avança dans une des allées du jardin. Pensant que c'était ou le jardinier ou quelque domestique, Édouard descendit les escaliers de la terrasse pour aller à sa rencontre; mais, avant d'être parvenu assez près de lui pour être à même d'examiner les traits de son visage, il fut frappé de la singularité de son extérieur et de ses gestes. Quelquefois cet individu croisait ses mains sur sa tête comme un Indien qui s'impose une pénitence; quelquefois il laissait tomber ses bras perpendiculairement, imitant le mouvement d'une pendule, ou bien il les croisait rapidement sur sa poitrine en se frappant sous les épaules, comme le fait un cocher de fiacre pour suppléer au défaut d'exercice, lorsque pendant un temps froid ses bêtes sont oisives sur la place. Sa démarche n'était pas moins extraordinaire : tantôt il allait à cloche-pied alternativement sur le pied droit et sur le gauche, et tantôt il sautait à pieds joints. Son costume était aussi antique qu'extravagant : il avait une espèce de jaquette grise à manches tailladées, avec des manchettes, et une doublure écarlate; ses souliers étaient de la même couleur, ainsi que sa toque, fière-

---

(1) *Eh sirs! eh messieurs!* Cette exclamation est toute de surprise; elle ne s'adresse pas au *monsieur*. Nous disons en français, dans un autre sens, *oh dame!* etc. — Éd.

ment surmontée d'une plume de dindon. Édouard, qu'il ne paraissait pas avoir remarqué, s'aperçut bientôt que les traits de son visage confirmaient ce qu'avaient annoncé de loin ses gestes et sa démarche. Ce n'était en apparence ni l'idiotisme ni la démence qui donnait cette expression vague et égarée à sa physionomie naturellement agréable, mais c'était plutôt un composé des deux, un mélange de la simplicité de l'idiot et de l'extravagance d'un cerveau fêlé ! Il se mit à chanter, avec feu et non sans goût, le fragment d'une vieille ballade écossaise.

> Quoi! me tromper, amant volage,
> Dans le printemps, parmi les fleurs!
> Quand viendront l'hiver et l'orage,
> Je saurai payer tes rigueurs.
>
> Reviens, reviens à ton amie,
> Reviens, reviens et hâte-toi,
> Pour punir celui qui m'oublie, —
> Un autre amant aura ma foi.

Ici il leva les yeux, qu'il avait tenus attachés sur ses pieds pour observer s'ils battaient bien la mesure. Apercevant Édouard, il s'empressa d'ôter sa toque, et témoigna par des gestes grotesques sa surprise et son respect. N'espérant guère obtenir une réponse satisfaisante aux questions qu'il pouvait faire, Waverley lui demanda néanmoins si M. Bradwardine était chez lui, ou s'il pourrait parler à quelqu'un de ses domestiques. Ce bizarre interlocuteur lui répondit, et

> « Tous ses discours étaient en chants; (1) »

comme l'aurait fait la sorcière de Thalaba :

(1) Vers cité de Southey. Voyez l'analyse de ce poëme bizarre dans le *Voyage littéraire en Angleterre et en Écosse* — Éd.

WAVERLEY.

> Le chevalier, sur la montagne,
> Cherche le plaisir des chasseurs,
> Et la dame dans la campagne
> Tresse sa guirlande de fleurs.
> Dans le boudoir secret d'Hélène
> La mousse couvre le plancher :
> William vient lui conter sa peine,...
> On ne peut l'entendre marcher.

Cette chanson n'apprenait rien à Édouard, qui, répétant ses questions, reçut une réponse prononcée si vite et dans un dialecte si particulier, qu'il ne put saisir que le mot de *sommelier*. Waverley demanda donc à voir le sommelier. Cet homme alors, le regardant d'un air d'intelligence, lui fit signe de le suivre, et se remit ensuite à danser dans l'allée. — Singulier guide que celui-ci, pensa Édouard, et très-semblable aux *clowns* (1) à demi-fous de Shakspeare : je ne suis pas très-prudent de le prendre pour pilote ; mais de plus sages ont été guidés par des fous ! — Cependant ils arrivèrent au fond de l'allée ; et là, faisant un léger détour, ils entrèrent dans un petit parterre protégé contre les vents d'est et du nord par une haie d'ifs serrés. Édouard y trouva un vieillard occupé à bêcher la terre, et qui avait mis son habit bas. Son extérieur laissait douter si c'était un domestique du premier rang ou un jardinier. Son nez rubicond et sa chemise à jabot appartenaient à un homme

---

(1) La signification primitive de *clown* est *paysan*. Le *clown* des pièces de Shakspeare étant un paysan comique ou bouffon, avec un mélange de malice, de simplicité et de folie, et un *clown* de cette espèce étant un des personnages obligés dans beaucoup de pièces anglaises, comme le niais de nos mélodrames, le gracioso des Espagnols, etc., le mot *clown* a souvent un sens exclusivement *dramatique*. Nous aurons l'occasion de signaler l'origine historique des clowns. — Ed.

8.

de la première des deux professions ; mais son teint hâlé par le soleil, et son tablier vert, semblaient indiquer

Un second père Adam cultivant ce jardin.

Le majordome, car c'était lui, et sans contredit le second officier de la baronnie (ou même, en sa qualité de premier ministre de l'intérieur, il était au-dessus du balli Macwheeble, dans son département de de la cuisine et de la cave;) — le majordome donc laissa sa bêche oisive, et passa promptement son habit en jetant un regard de colère sur le guide d'Édouard, sans doute parce qu'il avait introduit un étranger pendant qu'il était occupé à ces travaux pénibles et qu'il pouvait regarder comme au-dessous de sa dignité. — Quels ordres le gentilhomme avait-il à lui donner, demanda-t-il. Waverley s'empressa de lui dire son nom, et de l'informer qu'il désirerait présenter ses devoirs à son maître. Le vieillard prit de suite un air de respect et d'importance en disant : — Je puis assurer sur ma conscience que le baron sera enchanté de voir Votre Honneur. — M. Waverley aurait-il besoin de rafraîchissemens après son voyage? Son Honneur est avec les ouvriers qui abattent la *Sorcière noire*. Il s'est fait accompagner par les *deux* jardiniers. (Il appuya avec emphase sur le mot *deux*.) — Je m'amusais, en attendant son retour, à arranger ce jardin à fleurs de miss Rose, ne voulant pas m'éloigner, pour recevoir au besoin les ordres de Son Honneur; j'aime beaucoup le jardinage, mais j'ai peu de temps pour me livrer à cet amusement.

— Il ne peut à aucun prix y travailler plus de deux jours la semaine, ajouta l'étrange conducteur d'Édouard.

Un coup d'œil chagrin punit l'indiscret interrup-

WAVERLEY.

teur ; et le majordome lui commanda, en l'appelant Davie Gellatley d'un ton qui n'admettait point de réplique, d'aller chercher Son Honneur à la Sorcière noire, et de lui dire qu'un gentilhomme du sud était arrivé au manoir.

— Ce pauvre garçon est-il capable de remettre une lettre ? demanda Édouard.

— Très-fidèlement, monsieur, aux personnes qu'il respecte. Je ne lui confierais pas, sans doute, une commission verbale... quoiqu'il soit plus fripon que fou (1) !

Waverley remit ses lettres de créance à Gellatley, qui parut confirmer la dernière observation du sommelier, en lui fesant la grimace pendant qu'il tournait la tête d'un autre côté. En ce moment il ressemblait à la grotesque figure de certaines pipes venant d'Allemagne. Après quoi, prenant congé de Waverley avec un salut bizarre, il partit en dansant pour faire sa commission.

— *C'est un innocent*, monsieur, dit le sommelier : il y en a dans presque toutes les *villes* du pays ; mais le nôtre est en grande faveur (2). Il travaillait comme un autre et assez bien ; mais il secourut à propos miss Rose, poursuivie par le nouveau taureau anglais du laird de Killancureit, et depuis ce temps-là nous l'appelons Davie Do-little (3), et ma foi nous pourrions tout aussi bien

---

(1) *More Knave than fool. Knave* signifie aussi *fin*, *rusé*. C'est dans le même sens que les nègres disent des singes qu'ils supposent être doués de la parole : — Singe plus fin que nègre ; lui pas parler pour pas travailler. — *Voyez* le chapitre XII. — Éd.

(2) *Brought far ben* : locution toute écossaise. *Le nôtre a été admis à une grande intimité !* Le sommelier est un peu jaloux de la *sinecure* du clown. — Éd.

(3) Davie *Fait-peu-de-chose*. — Éd.

l'appeler Davie Do-nothing (1), car depuis qu'il a revêtu ce joyeux habit pour amuser Son Honneur et ma jeune maîtresse (les riches ont leurs caprices), il ne fait autre chose que de parcourir en dansant tous les coins et recoins de la *ville*, sans autre peine que de polir la ligne du laird ou de mettre une mouche à l'hameçon, ou bien de prendre lui-même un plat de truites. Mais voici miss Rose : et je me rends caution pour elle qu'elle sera charmée de voir un des membres de la famille de Waverley au manoir paternel de Tully-Veolan.

Mais Rose Bradwardine mérite bien que son indigne historien l'introduise dans un chapitre particulier.

En attendant, avant de finir celui-ci, nous ferons observer au lecteur que Waverley avait appris, dans ce colloque, qu'en Écosse une maison seule était appelée une *ville* (2), et un fou naturel un *innocent* (3).

(1) Davie *Fait-rien*. — Ed.

(2) *A Town*. — Ed.

(3) Nous apprendrons tout-à-l'heure aussi ce que c'est que la *sorcière* dont il est question dans ce chapitre. Dans le baron de Bradwardine, l'auteur a peint le lord Forbes de Pitsligo. Nous avons désigné dans la *Notice* comme l'original de Davie Gellatley, un nommé Jock Gray de Gilmanscleug, que plusieurs personnes se rappellent avoir vu chez sir Walter Scott, lorsqu'il résidait à Ashesteil. — Ed.

CHAPITRE X.

Rose Bradwardine et son père.

Miss Rose Bradwardine n'avait que dix-sept ans. Cependant, aux dernières courses de chevaux de la ville de ***, sa santé ayant été proposée avec celle d'autres beautés écossaises, le laird de Bumperquaigh (1), porteur de santé, et croupier perpétuel du club de Bautherwhillery, ne dit pas seulement *encore* (2) ! à cette proposition, à laquelle il s'agissait de répondre en vidant un verre contenant une pinte de bordeaux, mais il appela la divinité à qui s'adressait cet hommage, *Rose de Tully-Veolan* (3). Dans cette séance mémorable, trois acclamations furent poussées par tous ceux des membres présens

(1) Mot à mot, *coupe pleine*. — Ed.

(2) Il y a dans le texte *more* (plus), que nous avons traduit par *encore*, mot français que la langue anglaise a conservé, mais qui s'emploie particulièrement au théâtre pour *bis*. — Ed.

(3) Ce qui obligeait les convives à boire autant de fois qu'il y avait de lettres dans les noms. — Ed.

de cette respectable société à qui le vin avait laissé la force d'élever la voix. Bien plus, on m'a assuré, que ceux qui étaient endormis applaudirent en ronflant, et que quoique, graces à de fortes libations et de faibles cerveaux, deux ou trois buveurs fussent étendus sur le plancher, ceux-là même, tombés comme ils étaient de leur haut rang, et se vautrant, — je ne pousserai pas plus loin la parodie, — firent entendre quelques sons inarticulés, pour exprimer leur assentiment.

Ces applaudissemens si unanimes ne pouvaient être arrachés que par un mérite reconnu; non-seulement miss Rose en était digne, mais elle eût obtenu le suffrage de personnes beaucoup plus raisonnables que celles qu'eût réunies le club de Bautherwhillery, même avant la discussion du premier *magnum* (1). C'était en effet une très-jolie fille en fait de beauté écossaise, c'est-à-dire avec une abondance de cheveux or-pâle, et la peau blanche comme la neige de ses montagnes. Cependant son visage n'était ni pâle ni mélancolique, sa physionomie comme son caractère avait une aimable vivacité, son teint, sans être coloré, était si pur qu'il semblait transparent, et l'émotion la plus légère appelait la rougeur sur son visage et son cou. Sa taille était au-dessus de la moyenne, mais élégante, remplie de grace et d'aisance dans ses moindres mouvemens. Elle venait d'un autre côté du jardin pour recevoir le capitaine Waverley, qu'elle aborda avec des manières qui exprimaient à la fois un mélange de timidité et de courtoisie.

(1) On appelle *magnum*, *magnum bonum*, ou *scotch pint*, pinte écossaise, une bouteille contenant une demi-pinte de vin. C'est un terme de l'argot des buveurs. — Ed.

Après les premiers complimens, elle apprit à Édouard que la *Sorcière noire*, que le baron était allé visiter, n'avait ni chat noir ni manche à balai, mais que c'était tout simplement une portion d'un antique taillis qu'on faisait couper. Elle lui offrit avec une politesse un peu embarrassée, de lui montrer le chemin jusque-là. Mais ils furent prévenus par le baron de Bradwardine en personne, qui, averti par Davie Gellatley, et

« Tout occupé de soins hospitaliers (1),

accourait à grands pas avec une vitesse qui rappela à Édouard les bottes de sept lieues du conte des fées. C'était un homme, grand, mince, taillé en athlète, avancé en âge et ayant les cheveux blancs; mais dont un exercice continuel avait conservé toutes les fibres fermes et souples. Il était habillé avec une espèce de négligence, et ressemblait plutôt à un Français qu'à un Anglais de cette époque. A ses traits prononcés, à sa taille droite et raide, on l'aurait pris pour un officier des Cent-Suisses, qui, ayant vécu quelque temps à Paris, aurait copié le *costume*, mais non l'aisance des Parisiens. Son langage et ses manières n'étaient pas moins étranges que son extérieur.

D'après le goût qu'il avait montré pour l'étude, ou peut-être par un système d'éducation généralement adopté en Écosse pour les jeunes gens de qualité, on l'avait destiné au barreau; mais les principes politiques de sa famille ne lui permettant pas de prétendre à s'illustrer dans cette carrière, M. Bradwardine avait voyagé pendant plusieurs années: il avait même fait avec éclat

(1) Hémistiche cité de Milton. — Ed.

plusieurs campagnes au service d'une puissance étrangère. Après son démêlé avec les tribunaux, en 1715, pour crime de haute trahison, il avait pris le parti de se retirer à la campagne, n'ayant d'autre société que celle de ses voisins, dont les principes étaient les mêmes que les siens. Cette alliance de la pédanterie du légiste et de l'amour-propre du guerrier, pourra rappeler à plus d'un membre zélé de la garde bourgeoise de nos jours, le temps où la robe de nos avocats était souvent endossée par-dessus un brillant uniforme (1). Ajoutez à cela les préjugés d'une famille ancienne, sincèrement attachée aux Stuarts; l'habitude de se regarder comme indépendant dans sa retraite, et d'exercer sans appel son autorité dans toute l'étendue de ses terres à moitié cultivées. Cette juridiction, il est vrai, n'était pas très-étendue, mais elle était d'un droit aussi incontestable qu'incontesté; car, comme il le disait souvent, les terres de Bradwardine, Tully-Veolan et dépendances, avaient été érigées en baronnie franche, par David Ier, *cum liberali potestate habendi curias et justicias, cum fossâ et furcâ, et saka et sokà, et thol et theam, et infang-thief et outfang-thief, sive hand-habend, sive bak barand* (2), — mots cabalistiques dont peu de personnes pouvaient expliquer le sens particulier, mais qui signifiaient, en somme, que le baron de Bradwardine pouvait emprisonner, juger, et faire exécuter ses vassaux et tenanciers selon son bon plaisir. Comme Jacques Ier cependant, le baron aimait mieux parler de son autorité

(1) Allusion à l'époque où l'Angleterre se croyait menacée d'une invasion de la France. Nous verrons le laird de Monkbarns (l'Antiquaire) payer de sa personne dans une de ces occasions.—Ed.

(2) Droit de haute et basse justice, de geôle, de pilori. — Tr.

que d'en faire usage. Excepté l'emprisonnement de deux braconniers dans la vieille tour de Tully-Veolan, où ils furent cruellement effrayés par les revenans et presque dévorés par les rats, et la mise au *jougs* (ou pilori écossais), d'une vieille femme qui s'était permis de dire que Gellatley n'était pas le seul fou qu'il y eût dans la maison du laird, je ne sache pas que le baron eût jamais été accusé d'abuser de ses grands pouvoirs. Cependant l'idée de posséder des droits aussi étendus augmentait beaucoup l'importance de ses discours et de ses manières.

A la façon dont il accueillit d'abord Waverley, on s'aperçut que le plaisir de voir le neveu de son ami avait un peu troublé la dignité un peu raide du baron de Bradwardine, car les larmes vinrent aux yeux du vieillard, lorsque, ayant d'abord serré cordialement la main d'Édouard à la manière anglaise, il le baisa sur l'une et l'autre joue à *la mode française*, tandis que l'étreinte de sa main et le nuage de tabac d'Écosse que fit voler son accolade, suffisaient pour tirer également des larmes aux yeux de son hôte. — Sur l'honneur d'un gentilhomme! lui dit-il, je rajeunis en vous voyant ici, M. Waverley. Je reconnais en vous un digne rejeton de l'antique souche de Waverley-Honour, *Spes altera*, comme a dit Maron (1). Et vous avez un air de famille, capitaine Waverley; vous n'avez pas encore la démarche imposante de mon digne ami sir Everard, *mais cela viendra avec le temps,* comme le disait une de mes connaissances de Hollande, le baron de Kikkitbroeck, en parlant de *la sagesse de madame son*

(1) Virgilius Maro. Ce second nom de Virgile n'est guère d'usage dans nos écoles; les Anglais s'en servent quelquefois pour désigner le poète de Mantoue. Ils appellent de même Ovide, Naso. — Ed.

épouse. — Vous avez donc pris la cocarde? — C'est bien, très-bien; — j'aurais voulu qu'elle fût d'une autre couleur, et j'aurais cru que mon ami sir Everard eût pensé de même, mais n'en parlons plus; je suis vieux et les temps sont changés! — Et comment se porte le digne chevalier baronnet et la belle mistress Rachel?
— Vous riez, jeune homme? Oui, c'était la belle mistress Rachel, l'an de grace 1716; mais le temps s'écoule et n'épargne rien, *singula prædantur anni;* c'est une vérité incontestable. Je vous le répète, vous êtes le bienvenu, le très-bienvenu dans ma pauvre demeure de Tully-Veolan. — Ma chère Rose, cours à la maison, et veille à ce qu'Alexandre Saunderson nous donne de ce vieux vin de Château-Margot que j'expédiai de Bordeaux à Dundee en 1713.

Rose s'éloigna à pas comptés, pour ainsi dire, jusqu'au coin d'une allée, et puis se mit à courir, ou, pour mieux dire, à voler comme une fée, afin de pouvoir, après qu'elle aurait rempli la commission de son père, s'occuper de sa toilette, car l'approche de l'heure du diner ne lui laissait que fort peu de temps.

— Capitaine, dit le baron, vous ne trouverez point ici le luxe des tables d'Angleterre, ni les *epulæ lautiores* du château de Waverley. Je dis *epulæ* et non *prandium,* parce que le *prandium* n'est que pour le peuple; Suétone l'a dit : *Epulæ ad senatum, prandium verò ad populum attinet* (1); mais j'espère que vous serez content de mon vin de Bordeaux; *c'est des deux oreilles,* comme dit le capitaine Vinsauf. — Il est de première qualité, *vinum primæ notæ,* ainsi que l'a proclamé le principal de Saint-

---

(1) *Epulæ* (repas) est pour le sénat; *prandium* (repas encore) est pour le peuple. — Trad.

André. Encore une fois, je suis enchanté, capitaine Waverley, de vous posséder, pour vous offrir le meilleur vin de ma cave. A ces discours Waverley répondait par les interjections que la politesse commande; et le baron parlait encore lorsqu'ils arrivèrent à la porte de la maison, où se trouvaient réunis cinq ou six domestiques en antique livrée. Alexandre Saunderson, le sommelier, était à leur tête; il était en grand costume, et avait fait disparaître toutes les souillures du jardinage. Ce fut lui qui les introduisit

Dans un vaste salon décoré de trophées,
De piques, de carquois, de cuirasses rouillées.

Avec toutes les cérémonies d'usage, mais avec une bienveillance encore plus réelle, le baron, sans s'arrêter dans aucun des appartemens intermédiaires, conduisit Édouard dans la grand'salle à manger, boisée en chêne noir et ornée des portraits de famille. Le couvert était mis pour six personnes; un buffet de forme gothique était chargé de l'antique et massive vaisselle plate de la maison de Bradwardine. On entendit le son d'une cloche du côté de l'entrée de l'avenue, parce qu'un vieillard, qui remplissait les fonctions de portier les jours de gala, ayant appris l'arrivée de Waverley, s'était empressé de se rendre à son poste, et annonçait en ce moment d'autres convives.

— C'étaient, comme le baron l'assura à son jeune ami, de très-estimables personnes. — Il y a, dit-il, le jeune laird de Balmawhapple, surnommé Falconer (1), de la famille de Glenfarquhar, grand amateur de la

(1) Fauconier. — TRAD.

chasse, *gaudet equis et canibus;* du reste, jeune homme très-réservé. Il y a ensuite le laird de Killancureit, vouant tous ses loisirs à l'agriculture théorique et pratique ; se vantant de posséder un taureau d'une beauté incomparable, qui vient du comté de Devon, la Damnonie des Romains, s'il faut en croire Robert de Cirencester: on peut conclure, d'après ses goûts habituels, qu'il est d'extraction agricole. Vous connaissez l'adage latin: *Servabit odorem testa diù* (1), et, soit dit entre nous, je crois que son grand-père venait du mauvais côté de la frontière (2); on l'appelait Bullsegg : il arriva ici pour être maître d'hôtel, bailli, receveur de rentes, ou quelque chose de semblable, auprès du dernier Girnigo de Killancureit, qui mourut d'une atrophie. Après la mort de son maître, monsieur (vous aurez de la peine à concevoir un tel scandale), comme ce Bullsegg était bien fait et de bonne mine, il épousa la douairière, qui était jeune et amoureuse. Elle se trouvait propriétaire de toute la baronnie par les dispositions de feu son mari, en contravention directe d'une substitution oubliée, et au préjudice de la chair et du sang du testateur, en la personne de son légitime héritier, un de ses cousins au septième degré, Girnigo de Tipperhewit, dont la famille fut tellement ruinée par le procès qui s'ensuivit, qu'un de ses descendans est réduit à servir comme simple soldat dans la garde noire highlandaise (3). Mais ce

(1) Le vase conservera long-temps l'odeur. — Trad.

(2) Le *border* (frontière) anglais. — Ed.

(3) *Highland black-watch.* Ce corps a été connu pendant quatre-vingts ans sous le titre de 42e régiment highlandais, et désigné aussi, à diverses époques, par les noms de ses colonels, lord Sempill, lord J. Murray, et lord Crawford, dont nous verrons l'an-

gentilhomme M. Bullsegg de Killancureit a dans ses
veines du sang noble par sa mère et sa grand'mère,
issues l'une et l'autre de la famille de Pickletillim; il
sait se tenir à sa place, et il est généralement aimé et
estimé;—Dieu nous préserve, capitaine Waverley, nous,
dont les familles sont *irréprochables*, Dieu nous préserve
de vouloir l'humilier! Il peut se faire que dans neuf ou
dix générations, ses neveux puissent marcher de pair
avec les bonnes familles du pays. Rang et noblesse sont
deux mots qui doivent se trouver rarement dans la
bouche des personnes qui, comme nous, sont d'un sang
pur. — *Vix ea nostra voco*, comme dit Nason (1). — Nous
aurons encore un ecclésiastique de la véritable (quoique
persécutée) église épiscopale d'Écosse. Il fut confesseur
dans sa cause, après l'année 1715, lorsqu'une populace
de Wighs détruisit sa chapelle, déchira son surplis, et
pilla sa maison, où on lui vola quatre cuillers d'argent,
sans épargner son garde-manger, et deux barrils, l'un
de bière simple, l'autre de bière double, et de plus,
deux bouteilles d'eau-de-vie. Mon baron-bailli et agent,
M. Duncan Macwheeble, sera notre quatrième convive.
L'incertitude de l'ancienne orthographe rend douteux

---

cêtre commander les archers écossais de Louis XI, dans *Quentin
Durward*. Mais ce 42e dans l'origine s'appelait *freicudan dhu*, en
gallique, et *black watch*, garde-noire, en anglais, nom qui provenait des couleurs foncées de l'uniforme (noir, vert et bleu),
comparées au rouge éclatant des soldats réguliers. Les compagnies
indépendantes de la black watch se recrutaient d'hommes d'un
rang plus élevé que celui des autres régimens. En général, c'étaient
presque tous des cadets de gentilshommes, ou des gentilshommes
sans fortune: on en voyait même beaucoup qui avaient des domestiques pour porter leurs armes, etc. — Ed.

(1) Ovidius Naso (Ovide). — Ed.

s'il appartient au clan de Wheedle ou de Quibble (1); mais l'un et l'autre ont produit d'habiles jurisconsultes.

Pendant qu'il lui peignait ses convives, ceux-ci
Entraient, et le dîner fut aussitôt servi.

(1) *Wheedle. To wheedle*, séduire, cajoler par de belles paroles. *Quibble*, pointe, jeu de mots. Le baron s'amuse ici lui-même, par ce jeu de mots, à comprendre dans une même épigramme son bailli et les avocats. — Ed.

CHAPITRE XI.

Le banquet.

Le dîner fut abondant et excellent, selon les idées écossaises d'alors. Les convives y firent honneur. Le baron mangea comme un soldat affamé; le laird de Balmawhapple, comme un chasseur; Bullsegg de Killancureit, comme un fermier; Waverley, comme un voyageur, et le bailli Macwheeble, comme tous les quatre ensemble. Mais, voulant témoigner le respect que lui inspirait la présence de son maître, il était assis sur le bord de sa chaise, placée à trois pieds de la table; de là, pour arriver à son assiette, il formait un arc avec son corps, de manière que le convive en face de lui ne voyait que le sommet de sa perruque.

Le digne bailli était accoutumé, soit qu'il fût assis, soit qu'il marchât, à prendre cette posture, qui eût été pénible pour tout autre, et qui n'avait plus rien de gênant pour lui. Lorsqu'il marchait, cette projection de son corps était peut-être peu décente pour ceux qui venaient derrière lui; mais peu lui importait, M. Macwheeble, ayant l'attention la plus scrupuleuse de céder le pas à tous ceux dont le rang était au-dessus du sien, il se souciait fort peu des sentimens de mépris et de déconsidération qu'il pouvait inspirer par là à ses inférieurs. Mais, quand il traversait la cour, en se dandinant sur son vieux *poney* (1) gris, il ressemblait un peu à un chien tourne-broche sur ses jambes de derrière.

L'ecclésiastique non-conformiste était un vieillard dont l'air mélancolique inspirait l'intérêt et annonçait qu'il était au nombre de ceux qui souffraient la persécution pour leur conscience. Il était un de ces prêtres qui,

« Sans être dépouillés se dépouillaient eux-mêmes. »

Aussi, lorsque le baron ne pouvait l'entendre, le bailli riait volontiers de la singularité et des scrupules de l'honnête M. Rubrick. Nous sommes forcés de convenir que, quoique M. Macwheeble fût au fond du cœur un sincère partisan de la famille exilée, il avait su toujours s'accommoder prudemment aux circonstances. Aussi Davie Gellatley disait un jour de lui que c'était un très-brave homme, ayant une conscience très-calme et très-paisible, — qui jamais ne *lui avait fait de mal*.

(1) *Bidet*. Les petits chevaux d'Ecosse étant d'une espèce particulière, dont il sera fait mention ailleurs, nous pensons que le mot *poney* pourrait être conservé pour rappeler leur *étrangeté*. Ces chevaux, appelés aussi *garrons*, errent, à peu près sauvages, dans les Highlands; ils sont généralement blancs, à longs crins, et d'origine espagnole, selon les Ecossais, qui prétendent qu'ils sont abâtardis par le climat. — ED.

Lorsqu'on eut desservi, le baronnet proposa la santé du roi, laissant poliment à la conscience de ses convives, selon leur opinion, le choix du souverain de fait, ou du souverain légitime. La conversation devint générale, et miss Bradwardine, qui avait fait les honneurs de la table avec beaucoup de grace et de modestie, s'empressa de se retirer; l'ecclésiastique ne tarda pas d'imiter son exemple. Le reste de la société faisait le plus grand honneur au vin, qui était digne des éloges du baron; les bouteilles circulaient rapidement, et Waverley obtint comme une faveur de négliger de temps en temps son verre. Enfin, comme il commençait à se faire tard, le baron fit un signe particulier à M. Saunders Saunderson (1) *Alexander ab Alexandro*, comme il l'appelait plaisamment: celui-ci répondit par un coup d'œil expressif, et sortit à l'instant. Il rentra bientôt avec un air satisfait et mystérieux, marchant à pas comptés; il plaça respectueusement devant son maître une cassette en bois de chêne, incrustée d'ornemens en cuivre d'un travail fort curieux. Le baron prit une petite clef qu'il ne quittait jamais, ouvrit la cassette, et en tira une coupe d'or, non moins remarquable par son antiquité que par sa forme; elle représentait un ours rampant. Le baron la considéra avec des yeux où se peignaient le respect, le plaisir et l'orgueil. Waverley se rappela involontairement le Tom Otter (2) de Ben Jonson avec son taureau, son cheval et son chien, comme cet original nommait spirituellement ses principales coupes. Mais M. Bradwardine se tourna vers lui avec un air de complaisance, et le pria d'examiner ce curieux monument de l'ancien temps.

(1) Nom d'un savant professeur d'Oxford. — Ed.
(2) Personnage original du théâtre de Ben Jonson. — Ed.

— Il représente, dit-il, les armes de notre famille. L'ours est *rampant*, parce qu'un savant héraut peint toujours l'animal dans sa position la plus noble: un cheval *saillissant* (1); un lévrier *courant;* un animal carnivore, *in actu ferociore* (2), déchirant et dévorant sa proie. Il est bon que vous sachiez, capitaine, que nous tenons ce glorieux chef-d'œuvre de l'art par le wappenbrief, ou concession d'armes de Frédéric Barberousse, empereur de Germanie, qui l'octroya à un de mes ancêtres Godmond Bradwardine. C'était le cimier d'un Danois gigantesque qu'il tua en champ clos dans la Palestine, par suite d'une querelle sur la chasteté de l'épouse ou de la fille de l'empereur; la tradition ne dit pas précisément laquelle; — ce fut, comme dit Virgile :

*Mutemus clypeos Danaumque insignia nobis
Aptemus* (3).

— Quant à la coupe, capitaine Waverley, elle fut faite d'après les ordres de saint Duthac, abbé d'Aberbrothock, en reconnaissance des services que lui avait rendus un autre baron de Bradwardine, en défendant généreusement les droits du monastère contre les injustes prétentions de quelques nobles du voisinage; c'est avec raison qu'on l'appelle l'*ours sacré de Bradwardine*, quoique le vieux docteur Doubleit se plût à l'appeler en riant la *grande ourse*. Dans les temps où la religion catholique florissait, on croyait que cette coupe avait

---

(1) *Levant les deux pieds de devant.* — Ed.
(2) *Dans son acte le plus féroce.* — Tr.
(3) Changeons nos boucliers; des armes des Troyens Parons-nous. — Ed.

des vertus surnaturelles. Quoique je ne partage pas ces *anilia*, ces croyances de bonnes femmes, il est certain que cette relique fut toujours estimée la plus belle portion et le meuble le plus précieux de l'héritage de mes pères. Je ne me sers de cette coupe que dans des jours de fête extraordinaire, et c'en est une pour moi de posséder dans mon manoir l'héritier de sir Everard. Je bois donc à la prospérité croissante de l'antique, de la puissante et toujours honorée famille de Waverley.

Durant sa longue explication, le baron avait décanté, avec soin, une bouteille couverte de toiles d'araignées, qui contenait près d'une pinte anglaise de Bordeaux. Il remit la bouteille vide à son sommelier, pour être tenue à angle parallèle à l'horizon, et avala dévotement tout ce que contenait l'*ours sacré* de Bradwardine.

Édouard fut saisi d'épouvante et d'horreur en voyant l'animal faire la ronde, et pensa avec inquiétude au sens de la devise, *gare l'ours;* mais il vit bien que comme aucun des convives ne se faisait un scrupule de lui rendre, après le baron, le même honneur extraordinaire, un refus de leur faire raison serait très-mal reçu, il se décida donc à se soumettre à ce dernier acte de tyrannie, pour quitter ensuite la table, s'il était possible; se confiant à la force de son tempérament, il salua la compagnie en vidant à son tour l'ours sacré, et supporta mieux qu'il n'aurait pu s'y attendre une telle dose de liquide. Les autres convives, qui avaient employé leur temps d'une manière beaucoup plus active, commencèrent à donner des signes de changement;

« Le bon vin fit son bon office. »

La glace de l'étiquette, l'orgueil de la naissance, cédèrent à l'influence de la bienveillante constellation, et les titres cérémonieux que s'étaient donnés jusque-là les trois dignitaires, furent remplacés par les trois abréviations familières de Tully, Bally et Killie. Ces deux derniers, quand l'ours eut fait quelques tours de table, se dirent quelques mots à l'oreille, et demandèrent la permission de proposer le coup de grace (1) (proposition qui réjouit Édouard). Le coup de grace, après quelques retards, fut enfin bu, et Waverley en conclut que les orgies de Bacchus étaient terminées pour ce soir. Il ne s'était jamais mieux trompé de sa vie.

Comme les hôtes du baron avaient laissé leurs chevaux à la petite auberge du village, appelée la *Maison de Change*, le baron aurait cru manquer aux lois de la politesse s'il ne les eût pas accompagnés jusqu'à l'entrée de l'avenue. Waverley le suivit, soit par le même motif, soit pour respirer le grand air dont il sentait avoir besoin. Lorsqu'ils furent arrivés chez la mère Macleary (2), les lairds Balmawhapple et Killancureit déclarèrent qu'ils voulaient prouver leur reconnaissance de l'hospitalité qu'ils avaient reçue à Tully-Veolan, et qu'ils espéraient que leur noble voisin et son jeune hôte le capitaine Waverley leur feraient l'honneur de boire avec eux ce qu'ils appelèrent techniquement

(1) En anglais, la coupe de grace. — Ed.

(2) *Luckie Macleary*. Ce mot de Luckie, que les traducteurs traduisent ordinairement par Lucie, est une expression toute écossaise, qui désigne une femme ou un homme dans l'âge. — *Lucky-Minie*, grand-mère, *Luckie-Dady*, grand-père. — Ce mot, dans le langage familier, ne désigne pas toujours une personne âgée. On le donne surtout aux femmes d'auberge, comme dans cette occasion : — *Luckie Macleary*, la mère Macleary. — Ed.

doch an dorroch, le coup de l'étrier en l'honneur de la poutre du toit du baron (1).

Il faut remarquer que le bailli, sachant par expérience que la fête du jour, qui avait été jusque-là aux frais de son patron, pourrait se terminer en partie à son compte, était monté sur son poney gris; et excité, moitié par la gaieté de l'après-dîner, moitié par la peur de payer son écot, il avait, à coups d'éperons, forcé la pauvre bête à un demi-galop (car elle ne pouvait trotter, à cause des éparvins qui lui nouaient les articulations), et il était déjà hors du village. Les autres entrèrent dans la maison de change; Édouard, se laissant conduire docilement, car son hôte lui avait dit à l'oreille qu'il commettrait un délit contre les lois de la table, *leges conviviales*, s'il faisait quelque objection. Il paraissait que la veuve Macleary s'attendait à l'honneur de cette visite, car c'était ainsi que se terminaient tous les joyeux festins, non-seulement à Tully-Veolan, mais dans presque toute l'Écosse, il y a soixante ans.

Les convives, par ce moyen, s'acquittaient de leur reconnaissance envers leur hôte, encourageaient le commerce de sa maison de change, faisaient honneur au lieu où leurs montures trouvaient un abri, et s'indemnisaient de la contrainte imposée par l'hospitalité d'un particulier, en passant ce que Falstaff (1) appelle

(1) En Angleterre et en France, on dit dans ce sens le *foyer*, *the fireside*. En Ecosse, c'est le *roof-tree*, la poutre principale du toit. La grande poutre d'une cabane d'Ecosse tend à assurer les murs, qui manquent généralement de fondations. Sous cette poutre, sont réunis tous les objets chers à l'Highlander, ses enfans, avec sa vache et son poney, qui logent pêle-mêle, ou du moins séparés par de minces planches, et quelquefois par un simple rideau, etc.—Éd.

(2) Shakspeare, *Henry IV*. — Éd.

les douceurs de la nuit dans la licence d'une taverne.

La mère Macleary, qui, comme nous l'avons déjà remarqué, s'attendait à la visite de ces illustres hôtes, avait eu soin de balayer sa maison, pour la première fois depuis quinze jours, et de proportionner son feu de tourbe au degré d'humidité qui régnait, même en été, dans sa cahute. Sa table de bois de sapin avait été nettoyée, et mise en équilibre au moyen d'un fragment de tourbe qui soutenait un de ses pieds ; cinq à six tabourets grossièrement travaillés obviaient ailleurs aux inégalités de son plancher, qui était de terre. L'hôtesse avait de plus mis son toy (1) blanc, son rokelay et son plaid écarlate, et attendait gravement la compagnie, qu'elle savait être composée de bonnes pratiques. Quand les convives furent assis sous les noires solives enfumées de l'unique appartement de la mère Macleary, tapissé d'épaisses toiles d'araignées, l'hôtesse, qui avait déjà pris les ordres du laird de Balmawhapple, parut avec un énorme pot d'étain, contenant au moins trois quarts de pinte, appelé familièrement *une poule huppée* (2), et qui, selon l'expression de la mère Macleary, était plein par-dessus les bords d'un excellent bordeaux tiré à l'instant de la barique.

Il n'était pas difficile de prévoir que le peu de raison que l'*ours* avait laissé serait bientôt enlevé par la *poule*. Dans le tumulte qui régnait déjà, Édouard réussit à

(1) Le *toy* est une espèce de coiffure des matrones d'Ecosse ; le *rokelay* est une mantille ou un grand collet (nous avons le mot roquelaure en français) ; le *plaid* des femmes est un second manteau qui sert à couvrir tous les autres vêtemens, et que les Écossaises drapent, dans l'occasion, avec une certaine coquetterie. — Éd.

(2) A cause du bouton du couvercle. Argot des buveurs. — Éd.

laisser circuler gaiement la coupe, sans y porter les lèvres. Tous les autres parlaient à la fois, et avaient la langue épaissie; personne ne songeait à ce que disait son voisin, et ne cherchait qu'à se faire écouter. Le baron de Bradwardine chantait des *chansons à boire* françaises, et citait des sentences latines. Killancureit parlait sur un ton monotone des diverses manières de tailler un arbre, et d'agneaux d'un an, et de brebis de deux ans, et de vaches, et de bœufs, et de veaux, et d'une loi sur les barrières de chemin, tandis que Balmawhapple, d'une voix qui dominait celle des deux autres, vantait son cheval, ses faucons, et un lévrier nommé Whistler (1). Au milieu de ce tapage, le baron implora plusieurs fois le silence, et lorsque enfin on se souvint assez des lois de la politesse pour le lui accorder, il se hâta de demander l'attention de ses amis pour — l'ariette favorite du maréchal duc de Berwick : — et, cherchant à prendre le ton et l'attitude d'un mousquetaire français, il commença aussitôt :

> Mon cœur volage, dit-elle,
>   N'est pas pour vous, garçon;
> Est pour un homme de guerre
>   Qui a barbe au menton;
>   Lon, lon, laridon.
>
> Qui porte chapeau à plume,
>   Soulier à rouge talon,
>   Qui joue de la flûte,
>   Aussi du violon ;
>   Lon, lon, laridon (2).

Balmawhapple, ne pouvant y tenir plus long-temps, éleva la voix en annonçant une chanson furieusement

(1) Siffleur. —Tr.
(2) Ces couplets sont cités tels par l'auteur. — Éd.

bonne, selon ses propres termes, et composée par Gibby Gaethroughwi't, le joueur de cornemuse de Cupar (1); et, sans perdre de temps, il l'entonna :

> Aux bruyères de Glenbarchan,
> A Killybraid sur la montagne
> J'ai fait jadis mainte campagne
> Pour surprendre le coq faisan (2).

Le baron, dont la voix se perdait dans les accens plus sonores de Balmawhapple, renonça à lutter avec lui; mais il continuait à fredonner son *lon, lon, laridon*, et à regarder avec dédain l'heureux rival qui le privait de l'attention de la compagnie. — Balmawhapple acheva fièrement son couplet :

> L'oiseau partait-il du buisson,
> J'arrêtais son essor rapide ;
> Quand je revins à la maison
> Mon havresac n'était pas vide.

Après avoir inutilement essayé de se rappeler le second couplet, il recommença le premier ; et, dans l'enthousiasme de son triomphe, il déclara qu'il y avait plus de sens dans ces vers-là que dans tous les refrains de France et du comté de Fife, par-dessus le marché. Le baron ne lui répondit qu'en prenant longuement une prise de tabac, et en le regardant avec l'expression du plus profond mépris. Mais, graces à l'alliance de l'*ours* et de la *poule*, le jeune laird s'était affranchi du respect que le baron lui inspirait habituellement. Il s'écria que

---

(1) Dans le comté de Fife. — ÉD.

(2) Il y a dans le texte *black-cock*. Le coq noir ; cet oiseau, par sa taille et sa forme, ressemble au faisan, mais il est noir comme le corbeau. C'est le *gallus palustris scoticus*. — ÉD.

le bordeaux était une boisson insipide, et demanda du brandevin, en vociférant. On apporta l'eau-de-vie, et le démon de la politique fut sans doute jaloux même de l'harmonie de ce concert flamand, parce qu'il ne se mêlait pas une note de colère dans l'étrange musique qu'il produisait. Inspiré par l'énergique liqueur, le laird de Barmawhapple méprisa les mines et les regards significatifs par lesquels le baron, par égard pour Édouard, l'avait empêché d'entamer une discussion politique. Il porta d'une voix de Stentor le toast suivant : — Au petit homme habillé de velours noir, qui fit si bien son service en 1702 ! puisse le cheval blanc lui casser le cou sur une butte de sa façon !

Édouard, en ce moment, n'avait pas les idées assez nettes pour se rappeler que le roi Guillaume était mort des suites d'une chute, son cheval ayant bronché sur une taupinière ; cependant il se sentit disposé à prendre ombrage d'une santé qui, accompagnée du regard de Balmawhapple, semblait contenir une allusion injurieuse au gouvernement qu'il servait. Le baron le prévint, et s'empara de la querelle : — Laird de Balmawhapple, lui dit-il, quels que soient mes principes là-dessus, *tanquàm privatus*, comme particulier, je vous déclare que je ne souffrirai pas que vous vous permettiez de faire ici la moindre allusion qui puisse blesser les sentimens de l'honorable gentilhomme que j'ai pour hôte. Si vous n'avez aucun égard pour les lois de la politesse, respectez du moins le serment militaire, le *sacramentum militare*, qui lie tout officier à son drapeau : il fut toujours sacré. Ouvrez Tite-Live ; voyez ce qu'il dit de ces soldats romains qui eurent le malheur de renoncer à leur serment de légionnaire : *Exuére sacramentum*

10.

militare..... Mais vous connaissez aussi peu l'histoire ancienne que l'urbanité moderne.

— Je ne suis point aussi ignorant que vous voulez bien le dire; je sais bien que vous faites allusion à la sainte ligue et au covenant; mais, si tous les Whigs de l'enfer avaient...

Édouard et le baron prirent la parole en même temps, le dernier s'écriant : — Taisez-vous, monsieur; non-seulement vous prouvez votre ignorance, mais vous couvrez de honte vos compatriotes, et cela devant un étranger et un Anglais.

Waverley, de son côté, supplia vainement Bradwardine de lui permettre de repousser une insulte qui paraissait lui être adressée personnellement. La tête du baron était exaltée par le vin, par la colère et le dédain, au-dessus de toute considération terrestre.

— Capitaine Waverley, lui dit-il, je vous prie de me laiser parler : partout ailleurs, vous êtes *sui juris*, c'està-dire émancipé, ayant le droit peut-être de vous défendre vous-même; mais ici.... sur mes terres... dans cette pauvre baronnie de Bradwardine, et sous ce toit, qui est *quasi* mien, étant celui d'un tenancier qui, faute de bail, l'habite par un renouvellement dépendant de ma volonté, je suis pour vous *in loco parentis* (1), et tenu à vous conserver sain et sauf. — Quant à vous, M. Falconer de Balmawhapple, j'espère que vous ne vous écarterez plus de la voie de la courtoisie.

— Et je vous dis, moi, M. Cosme-Comyne Bradwardine de Bradwardine et de Tully-Veolan, répondit le chasseur avec dédain, et je vous déclare que si quelqu'un

(1) Vous tenant lieu de père. — Tr.

refuse de porter mon toast, je le traiterai comme je traiterais un coq de bruyère, que ce soit un Anglais, Whig tondu, avec un ruban noir sur l'oreille, ou un homme qui déserte ses amis pour faire société avec les rats de Hanovre.

Les rapières furent aussitôt tirées, et plusieurs bottes terribles portées de part et d'autre. Balmawhapple était jeune, agile et vigoureux; mais le baron maniait son arme avec plus d'adresse, et nul doute que, comme sir Toby Belch (1), il n'eût donné une sévère leçon à son antagoniste, s'il n'eût été sous l'influence de la *grande ourse*.

Édouard s'élança entre les deux combattans; mais il fut arrêté par le corps du laird de Killancureit, qui, couché sur le plancher, s'opposa à son passage. Comment, dans un moment aussi critique, Killancureit se trouvait-il dans cette posture? c'est ce qu'on n'a jamais pu savoir d'une manière bien précise. Quelques personnes pensaient qu'il avait voulu se cacher sous la table; mais il soutint que le pied lui avait glissé au moment où il s'armait d'un tabouret pour assommer Balmawhapple, afin de prévenir un malheur. Quoi qu'il en soit, si personne n'eût été plus prompt que lui et que Waverley à séparer les combattans, le sang eût certainement coulé; mais le cliquetis des armes, bien connu dans la maison, frappa les oreilles de mistress Maccleary, qui était au-delà du hallan (2), ou mur extérieur en terre, de sa chaumière, occupée devant la porte à additionner le montant de l'écot, quoique ses yeux

(1) Personnage de Shakspeare dans la *Soirée des Rois*. —Éd.
(2) C'est un mur destiné à protéger les chaumières contre l'entrée du vent, quand la porte est ouverte. — Éd.

fussent fixés sur le livre de Boston, intitulé *the Crook of the lot* (1). Elle accourut en s'écriant : — Quoi! Vos Honneurs veulent-ils s'égorger ici pour discréditer la maison d'une pauvre veuve! ne pouviez-vous choisir un autre endroit pour vous battre, quand vous avez toute la plaine devant vous? — En disant ces mots, elle jeta avec beaucoup d'adresse son plaid sur les armes des combattans ; les domestiques, qui heureusement avaient été passablement sobres, entrèrent aussi, et, à l'aide d'Édouard et de Killancureit, ils vinrent à bout de séparer les deux champions furieux. On emmena et l'on monta comme on put sur son cheval le laird de Balmawhapple, qui se répandait en blasphèmes, en imprécations et en menaces contre tous les Whigs, presbytériens, et fanatiques d'Écosse ou d'Angleterre, depuis John o' Groat's jusqu'à Land's End (2).

Notre héros, à l'aide de Saunderson, ramena le baron de Bradwardine dans son manoir ; il ne put avoir la liberté de se retirer qu'après avoir entendu une apologie longue et savante de ce qui venait de se passer : tout ce qu'Édouard put y comprendre, c'est qu'il y était question des *Centaures* et des *Lapithes*.

(1) *Houlette du sort*, ou peut-être aussi le *Crochet du sort* ; car l'éditeur avoue n'avoir aucune connaissance de cet ouvrage. Boston est auteur de plusieurs ouvrages de théologie mystique ; mais, parmi ses traités nous ne trouvons point *the Crook of the lot*. — Éd.

(2) *Johny' Groat's.* C'est le lieu le plus au nord de l'Écosse dans le comté de Caithness. *Land's End* est à l'extrémité occidentale de la Grande-Bretagne, dans le Cornouailles. — Éd.

CHAPITRE XII.

Repentir et réconciliation.

WAVERLEY était habitué à ne boire du vin qu'avec la plus grande sobriété : aussi ne s'éveilla-t-il que fort tard le lendemain matin, et sa mémoire lui retraça de suite la scène de la veille, qui fit sur lui une impression pénible. Il sentait qu'il avait reçu un affront personnel, — lui, gentilhomme, officier, portant le nom de Waverley ! — Il est bien vrai, se disait-il, que celui qui m'a insulté était dans un état à ne pouvoir faire usage du peu de raison qu'il a reçue du ciel; il est bien vrai que si j'en demande raison, je viole les lois divines et humaines. Je puis arracher la vie à un jeune homme qui peut-être aurait rendu de grands services à sa patrie; je puis porter la désolation au sein de sa famille. — Je puis moi-même périr sous ses coups. Quelque brave qu'on soit, cette alternative, examinée de sang-froid et sans témoins, ne peut être que désagréable.

Toutes ces idées occupaient tour à tour son esprit; mais la première laissait l'impression la plus forte, il avait reçu un affront personnel, il était de la maison de Waverley, il était officier. Il n'y avait donc aucune alternative. Il descendit dans la salle du déjeuner, bien décidé à prendre congé de la famille de Bradwardine, pour écrire à l'un de ses camarades de venir le joindre à une auberge à moitié chemin de Tully-Veolan et de leur garnison, et pour le charger du cartel qu'il enverrait au laird Balmawhapple. Il trouva miss Rose occupée à préparer le thé et le café. Du pain frais de farine de froment et d'orge, auquel on avait donné la forme de gâteaux, de biscuits, des œufs, du jambon de cerf, des gigots de mouton, et autres, avec du bœuf, du saumon fumé, de la marmelade, et toutes les friandises qui forcèrent Johnson (1) lui-même à mettre les déjeuners d'Écosse au-dessus des déjeuners de tous les pays (2), couvraient la table. Un grand plat, rempli

---

(1) Le docteur S. Johnson voyageait en Écosse avec toutes les antipathies nationales. — Éd.

(1) On dit que la tradition des déjeuners nationaux est religieusement conservée chez sir Walter Scott, amoureux de tous les anciens usages de l'Écosse. A commencer par Waverley, ses héros figurent assez bien à table; Rousseau d'ailleurs, si loin d'être prosaïque dans sa *Nouvelle Héloïse*, a fait sa Julie *un peu gourmande.* On a reproché à l'auteur du *Voyage littéraire et historique en Angleterre et en Écosse* de ne s'être pas contenté de peindre en buste le héros de son ouvrage, qui est évidemment sir Walter Scott. Nous y gagnons du moins d'avoir appris que sir Walter ne vit pas d'eau sucrée. Aussi, quand son historien déjeune chez lui, la première phrase de son hôte est celle-ci : — Nous vous donnons un déjeuner

de soupe de gruau et flanqué d'une espèce de cruche d'argent qui contenait un égal mélange de crème et de petit-lait, était placé vis-à-vis la chaise du baron, parce que c'était son déjeuner ordinaire. Mais Rose dit à Waverley que son père était sorti de très-grand matin, et qu'il avait bien recommandé qu'on n'éveillât pas son hôte.

Édouard, presque sans répondre un seul mot, prit une chaise d'un air pensif et préoccupé, peu propre à donner bonne idée de ses talens pour la conversation; il répondit au hasard à deux ou trois questions que miss Bradwardine lui fit sur des objets indifférens. Piquée d'avoir essayé vainement par complaisance de le tirer de sa taciturnité, elle renonça à son projet, ne pouvant concevoir qu'il n'y eût pas des manières plus aimables sous un habit rouge; — elle le laissa donc rêver à son aise, et maudire en lui-même *la grande ourse*, constellation favorite du docteur Doubleit, comme la cause de tous les malheurs qu'elle avait déjà causés, et qu'elle pouvait causer encore.

Tout à coup Édouard tressaillit en voyant, au travers de la croisée, le baron et le jeune Balmawhapple se tenant par le bras et en conversation animée. — M. Falconer a-t-il couché ici? demanda Waverley à miss Rose. Celle-ci, peu satisfaite de son interrogation brusque, se contenta de lui répondre froidement, non; et la conversation tomba de nouveau.

M. Saunderson entra pour annoncer que son maître attendait le capitaine dans la pièce voisine. Édouard se leva de suite avec un violent battement de cœur, qu'on

---

écossais, docteur; vous connaissez le proverbe : Déjeuner écossais, dîner français, etc. — Éd.

ne pourrait sans injustice attribuer à la peur, mais qui était l'effet de l'incertitude où il était sur l'explication qui allait avoir lieu. Il trouva les deux gentilshommes debout. Un air de satisfaction et de dignité régnait sur la figure du baron; mais la pâleur qui couvrait le visage toujours arrogant de Balmawhapple annonçait qu'il était en proie à la honte, au dépit et à la mauvaise humeur. Le baron passa son bras sous le sien, et s'avança vers Édouard; il avait l'air de marcher de front avec Balmawhapple; mais dans le fait il l'entraînait. Il s'arrêta au milieu de l'appartement, et dit avec beaucoup de gravité : — Capitaine Waverley, mon jeune et estimable ami, M. Falconer de Balmawhapple, ayant égard à mon âge et à mon expérience pour tout ce qui regarde le point d'honneur, le duel ou *monomachie* (1), m'a chargé d'être son interprète pour vous exprimer le regret qu'il éprouve en se rappelant certaines expressions qui lui sont échappées hier au soir, et qui sans doute ont été très-désagréables pour vous qui servez le gouvernement actuel. Il vous demande, monsieur, de vouloir bien oublier cette infraction aux lois de la politesse, comme l'effet d'un premier mouvement qu'il désavoue maintenant qu'il est de sang-froid; et il vous offre sa main en signe d'amitié. Je puis vous assurer, capitaine Waverley, qu'il n'y a que la conviction d'*être dans son tort* (comme un brave chevalier français, M. le Bretailleur (2), me disait un jour en pareille circonstance), et de plus le sentiment de votre mérite personnel, qui aient pu déterminer mon ami à cette démarche, car il

---

(1) Combat singulier. Mot dérivé du grec. — Éd.

(2) Ce nom est tel dans le texte. D'un adjectif l'auteur fait un nom caractéristique. — Éd.

est d'une famille où de temps immémorial la bravoure est héréditaire, *mavortia pectora*, pour me servir des expressions de Buchanan; tribu ou famille vaillante et guerrière, cœurs valeureux!

Édouard se hâta d'accepter avec une politesse naturelle la main que Balmawhapple, ou, pour mieux dire, que le baron lui présentait en qualité de médiateur. — Il m'est impossible de me rappeler, dit-il, les expressions qu'on regrette d'avoir prononcées; je ne veux les attribuer qu'à l'influence des libations trop répétées du banquet d'hier.

— C'est très-bien dit, répondit le baron. Il est possible qu'un homme se trouve *ebrius*, pris de vin, surtout dans un jour de fête et de réjouissance, sans cesser pour cela d'être un homme d'honneur; et s'il désavoue à jeun les injures qu'il peut avoir dites sous l'influence du vin, on doit les attribuer à cette liqueur, et dire : *vinum locutus est*, ce n'est plus lui qui a parlé. Mais je me garderais bien d'étendre cette disculpation aux ivrognes d'habitude, aux *ebriosi*, passant, pour ainsi dire, leur vie entière dans une aliénation d'esprit qui ne leur permet plus de respecter les règles de la politesse et les lois de la société; — qu'ils apprennent du moins à se modérer, et à se vaincre lorsqu'ils sont sous l'influence du *stimulus* bachique: mais allons déjeuner, et ne parlons plus de ce qui s'est passé.

Quelle que soit la conséquence que l'on tirera de l'aveu que je vais faire, je dois dire, pour rendre hommage à la vérité, qu'après cette explication Édouard fit beaucoup plus d'honneur à l'excellent déjeuner de Rose, que son début ne l'avait annoncé. Balmawhapple, au contraire, était gêné et triste. Waverley s'aperçut qu'il avait le bras droit en écharpe, ce qui expliquait la manière embarrassée dont il lui avait offert la main. Il répondit aux questions de miss Bradwardine en disant que son cheval s'était abattu. Comme il se trouvait dans un trouble visible, il se leva aussitôt après le déjeuner, et prit congé de la société, malgré les pressantes invitations du baron pour le retenir à dîner.

Waverley annonça l'intention où il était de partir d'assez bonne heure de Tully-Veolan, pour aller coucher à la première poste; mais en voyant l'impression douloureuse que cette nouvelle inattendue avait faite sur le cœur du vieux gentilhomme, il n'eut pas le courage d'insister. A peine le baron eut-il obtenu de Waverley la promesse de prolonger de quelques jours sa visite, qu'il s'occupa des moyens de reculer l'époque de son départ, en détruisant les motifs qui pouvaient l'avoir déterminé à prendre cette résolution.

— Capitaine Waverley, dit-il, je serais bien fâché que vous pussiez croire que j'autorise l'intempérance par mes exemples ou par mes discours. Je ne disconviens pas que dans la fête qui a eu lieu hier au soir, quelques-uns de nos amis étaient, sinon complètement ivres, *ebrii*, du moins un peu en train, *ebrioli*; épithètes par lesquelles les anciens désignaient ceux qui avaient perdu la raison, ou ceux qui, comme vous le dit métaphoriquement la phrase anglaise, sont presque en pleine mer. Ne croyez pas que je veuille parler de vous, capitaine Waverley, Dieu m'en préserve! j'ai vu avec plaisir qu'en jeune homme prudent et réservé, vous aviez plus d'une fois éludé de boire. Ce reproche ne peut non plus me regarder: je me suis trouvé à la table de plusieurs grands généraux et maréchaux; mais j'ai toujours su porter mon vin discrètement, dans ces banquets solennels, et vous avez été témoin que, hier au soir, je n'ai pas franchi un instant les limites d'une modeste hilarité.

Il n'y avait rien à opposer à une décision aussi formellement énoncée par lui-même, quoique, d'après ses propres observations, Édouard fût bien persuadé que non-seulement le baron était en train, *ebriolus*, mais qu'il commençait à être ivre, ou, en bon anglais (1), qu'il était incomparablement le plus ivre de la société, à l'exception peut-être de son antagoniste le laird de Balmawhapple. Cependant ayant reçu le compliment attendu (ou plutôt demandé) sur sa sobriété, le baron continua : — Non monsieur, quoique je sois d'un très-fort tempérament, j'abhorre l'ivrognerie, et je déteste ceux qui ne boivent le vin que *gulæ causâ*, pour la satisfaction du gosier (2). Néanmoins je désapprouverais la loi de Pittacus de Mytilène, qui punissait doublement les crimes commis sous l'influence de *Liber Pater* (3), et je n'admets pas tout-à-fait les reproches que Pline le jeune fait aux buveurs, dans le quatorzième livre de son *Historia naturalis*... Non, monsieur, je sais distinguer le temps et les lieux pour excuser ou condamner. J'approuve cette gaieté que donne le vin, tant qu'elle ne fait qu'épanouir le visage, ou dans le langage de Flaccus, *recepto amico*. (Quand on reçoit un ami.)

(1) On aurait dû mettre *traduit en bon français;* mais nous avons respecté cet excès d'exactitude du traducteur. — Éd.

(2) Le mot propre serait un peu plus grossier; mais le baron se sert du mot *gullet*. — Éd.

(3) Synonyme classique de Bacchus. — Tr.

Le baron termina cette apologie, qu'il avait crue nécessaire pour excuser son excès d'hospitalité envers ses convives; on croira aisément qu'Édouard s'était bien gardé de l'interrompre pour le contredire ou pour exprimer des doutes. Le baron invita son hôte à une partie de chasse pour le lendemain, et il ordonna à Davie Gellatley d'aller les attendre de bon matin au *dern path* (1) avec ses chiens Ban et Buscar. — En attendant la saison du gibier, dit-il, je voudrais vous donner une idée de la manière dont on fait la chasse dans le pays, et si Dieu le veut nous rencontrerons un chevreuil : le chevreuil, capitaine Waverley, se chasse dans toutes les saisons, parce que cet animal n'a point d'époque fixe pour être dans ce qu'on appelle son *orgueil* de graisse (2) : aussi sa venaison ne vaut jamais celle du daim rouge ou fauve. Vous verrez du moins courir mes chiens, qui nous devanceront sous la conduite de Davie Gellatley

Waverley témoigna sa surprise de ce qu'il chargeait d'une commission semblable l'ami Davie; mais le baron s'empressa de lui apprendre que ce pauvre innocent n'était ni insensé, ni *naturaliter idiota*, comme on le dit en termes de palais dans les enquêtes de folie, mais qu'il était simplement un cerveau timbré, qui exécutait très-bien les commissions dont on le chargeait, pourvu qu'elles ne contrariassent pas son humeur, et qui savait bien se servir de sa folie pour se dispenser des autres. — Il nous a attachés à lui, continua le baron, en sauvant la vie de Rose au péril de la sienne; le coquin, depuis cette époque, boit de notre vin et mange de notre pain;

(1) Sentier solitaire ou secret. — Éd.
(2) *Pride of grease*, état parfait de graisse. — Éd.

il fait ce qu'il peut ou ce qu'il veut ; et, s'il faut en croire les rapports un peu suspects du bailli et de mon sommelier, c'est pour lui un équivalent.

Miss Bradwardine apprit alors à Waverley que le pauvre *innocent* était épris de la musique ; qu'il était profondément ému par les chants mélancoliques, et qu'il était d'une gaieté folle en entendant des airs vifs et gais. — Il est doué, sous ce rapport, d'une mémoire prodigieuse, et meublée de divers fragmens d'airs et de chansons dans tous les genres, qu'il adapte souvent aux personnes, aux circonstances, avec beaucoup d'adresse, soit pour faire une remontrance, soit pour donner une explication quelconque, ou comme moyen de satire. Il est fort attaché aux personnes qui lui témoignent de l'amitié ; mais aussi il est très-sensible aux injures comme aux mauvais procédés, et lorsque l'occasion de se venger se présente, il sait très-bien en profiter. Les gens du peuple, qui se jugent aussi sévèrement les uns les autres qu'ils jugent leurs supérieurs, avaient exprimé beaucoup de compassion pour le pauvre *innocent* lorsqu'il errait en haillons dans ce village ; mais depuis qu'ils l'ont vu proprement vêtu, bien pourvu, et jouissant des privilèges d'une espèce de favori, ils ont résumé toutes les preuves de finesse et de malice qu'il a données dans sa vie, et en ont tiré charitablement l'hypothèse que Davie Gellatley est tout juste assez fou pour se dispenser de tout travail. Leur opinion n'est pas mieux fondée que celle des nègres, qui prétendent que si les singes ne parlent pas, c'est qu'ils craignent qu'on ne les fasse travailler. Davie Gellatley est tout bonnement ce qu'il paraît être, un cerveau timbré ; incapable d'une occupation régulière. Il a assez de jugement pour tirer parti de sa folie, assez de saillies pour ne pas passer pour idiot; il est doué de quelque adresse pour la chasse (on a vu d'aussi grands fous que lui s'y distinguer). Davie a enfin beaucoup d'humanité pour les animaux qui lui sont confiés, une affection fidèle pour ses maîtres, une mémoire prodigieuse, et de l'oreille pour la musique.

On entendit en ce moment dans la cour les pas des chevaux et la voix de Davie qui chantait, en s'adressant aux deux limiers :

> Partez, limiers rapides,
> Parcourez les vallons,
> Franchissez les buissons
> Et les ondes limpides.
> Hâtez-vous de courir
> A travers la bruyère,
> Qu'une brise légère
> Fait à peine fléchir.
> Pénétrez dans l'asile
> Si discret, si tranquille,
> Où l'on surprit souvent
> La fée et son amant.
> Partez, limiers rapides,
> Parcourez les vallons,
> Franchissez les buissons,
> Et les ondes limpides :
> Volez, limiers rapides.

— Ces vers appartiennent-ils à votre ancienne poésie écossaise? demanda Waverley à miss Rose. — Je ne le crois pas, lui répondit-elle: cette pauvre créature avait un frère; et le ciel, sans doute comme pour dédommager sa famille du malheur de Davie, avait donné à ce frère un talent que les gens du hameau trouvaient extraordinaire. Un oncle le faisait élever dans le dessein d'en faire un prêtre pour l'Église d'Écosse. Il ne put obtenir le moindre presbytère parce qu'il sortait de nos domaines (1). Il revint du collège (2), sans espoir, et le cœur brisé de douleur, et il tomba dans une langueur mortelle. Mon père en prit soin jusqu'à sa mort, qui arriva avant qu'il eût atteint sa vingtième année. Il jouait très-bien de la flûte, et passait pour avoir de grandes dispositions pour la poésie. Il aimait beaucoup son frère, qui ne le quittait pas plus que son ombre, et nous pensons que c'est de lui que Davie a retenu ces fragmens de chansons qui ne ressemblent en rien à celles de ces cantons. Lorsque quelqu'un lui demande qui lui apprit un de ces fragmens comme celui que vous venez d'entendre, il ne répond qu'en poussant de grands éclats de rire, ou en versant des larmes avec des sanglots. Il n'a jamais donné d'autre explication ; jamais on ne lui a entendu prononcer le nom de son frère depuis sa mort.

Ce récit, qui avait quelque chose de romanesque, intéressa Édouard. — On parviendrait peut-être, dit-il, à tirer de lui d'autres éclaircissemens en le questionnant avec douceur et adresse...

— C'est possible, lui répondit miss Rose ; mais mon père n'a jamais voulu permettre à qui que ce fût de le questionner sur cet objet.

Pendant cette conversation, le baron, à l'aide de Saunderson, était parvenu à mettre une paire de bottes d'une dimension fort large ; et ayant invité notre héros à le suivre, il descendit l'escalier en appuyant fortement du talon et en frappant du manche de son fouet de chasse

(1) Et que l'intolérante Église d'Écosse ne le croyait pas assez whig. — Éd.

(2) C'est-à-dire de l'université, du cours de théologie. — Éd.

les barreaux de la rampe. Il fredonnait, avec l'air d'un chasseur de Louis XIV :

> Pour la chasse ordonnée il faut préparer tout.
> Holà ! ho ! debout, vite debout (1).

(1) Ces vers sont cités par l'auteur. — Éd.

CHAPITRE XIII.

Journée plus raisonnable que la précédente.

Le baron de Bradwardine montait un cheval actif et bien dressé. A la manière dont il était assis sur sa selle garnie d'amples housses aux couleurs de sa livrée, on aurait cru voir un véritable modèle de l'ancienne école d'équitation. Son habit brodé de couleur claire, sa veste richement galonnée, sa perruque de commandant de brigade, son petit chapeau retroussé à ganses d'or, complétaient son costume : il était suivi de deux domestiques à cheval, armés de deux pistolets d'arçon.

Dans cet équipement, il trottait par monts et par vaux, faisant l'admiration de tous les fermiers sur le chemin. Ils arrivèrent enfin au fond d'un verdoyant vallon où Gellatley s'était déjà rendu avec ses deux énormes lévriers et une demi-douzaine de chiens de toute espèce. Il était environné d'une troupe de jeunes garçons à jambes et tête nues, qui, pour se procurer l'honneur de suivre la chasse, avaient eu l'attention de flatter les oreilles de Gellatley en lui donnant le titre de *monsieur* Gellatley, quoiqu'il n'y en eût aucun d'eux qui, dans d'autres occasions, ne l'eût salué de l'apostrophe de *Daft-Davy*, Davie *le Fou*. Ce n'est pas seulement parmi les villageois à pieds nus de Tully-Veolan qu'on a recours à la flatterie auprès des personnes en place, c'était un usage généralement reçu il y a soixante ans; il existe encore; il existera sans doute dans six cents ans, si le ridicule mélange de folie et de bassesse qu'on appelle le monde subsiste à cette époque.

Ces *petits va-nu-pieds* (1) étaient destinés à battre les buissons : ce dont ils s'acquittèrent si bien, qu'au bout d'une demi-heure un chevreuil fut lancé, poursuivi et tué. Le baron accourut avec toute la vitesse de son cheval blanc comme jadis le comte Percy (2) : il tira son couteau de chasse baronial, éventra majestueusement l'animal, le vida, et fit observer à Waverley que les chasseurs français appelaient cela *faire la curée*. Après avoir terminé cette cérémonie, il ramena son hôte à Tully-Veolan par un chemin sinueux, mais pittoresque, qui commandait un vaste paysage orné de villages et de maisons à chacune desquelles le baron attachait quelque anecdote d'histoire ou de généalogie. Il y avait dans

---

(1) *Gillie-wet-fools.*

(2) Dans la fameuse ballade anglo-écossaise de *Chevy-chace*, où la chasse de Percy amène un combat sanglant entre lui et Douglas, etc. — Éd.

ses récits la bizarrerie de ses préjugés et de son pédantisme, mais ils prouvaient aussi beaucoup de bon sens et des sentimens honorables : enfin s'ils étaient quelquefois peu importans, ils étaient toujours curieux parce qu'ils étaient instructifs.

La promenade plaisait également aux deux amis, quoique leurs caractères et leurs habitudes fussent tout-à-fait opposés. Nous avons dit qu'Édouard était sensible, doué d'une imagination vive, d'une tournure d'esprit romanesque, et d'un goût vif pour la poésie. M. Bradwardine était l'opposé de tout cela, et se faisait gloire de parcourir le chemin de la vie avec la raideur et la stoïque gravité qu'il déployait dans sa promenade de chaque soir, sur la terrasse de Tully-Veolan, où pendant des heures entières, vrai modèle du vieux Hardyknute (1), il marchait

A pas comptés vers l'orient,
A pas comptés vers l'occident.

Quant à la littérature, il avait lu les poètes classiques; plus l'Epithalamum de Georges Buchanan, les Psaumes d'Arthur Johnson, les *Deliciæ poetarum*, les OEuvres de sir David Lindsay, le *Bruce* de Barbour, le *Wallace* d'Henry-l'Aveugle, le *gentle Shepherd* (2) de Ramsay, le *Cerisier* et le *Prunier*. Mais, malgré ce sacrifice fait aux muses, il eût préféré, s'il faut dire vrai, qu'on lui eût mis en bonne prose les sages et pieux apophthegmes et

(1) Héros d'une vieille ballade écossaise sur le ton épique, dont l'antiquité a été contestée, mais dont la poésie est souvent admirable. —Éd.

(2) Le *Gentil berger*, ou plutôt le *Noble berger*. Ces divers poëmes sont cités dans les romans poétiques et ailleurs. — Éd.

les récits historiques contenus dans ces divers livres. Il ne pouvait s'empêcher parfois de témoigner son mépris pour l'art inutile de faire des poëmes. — Le seul écrivain qui eût excellé dans son temps, disait-il, c'était Allan Ramsay (1), le perruquier !

Quoique Édouard différât de lui, *toto cœlo*, comme aurait dit le baron, l'histoire était pour eux un terrain neutre où ils pouvaient s'entendre : il est vrai que le baron n'aimait que les grands événemens, et les vicissitudes politiques que l'histoire décrit d'une manière simple et sans ornement. Édouard, au contraire, aimait à finir et à colorer l'esquisse avec une imagination qui donnait l'ame et la vie aux acteurs du drame du passé. Malgré des goûts si opposés, ils se plaisaient mutuellement. Les détails que M. Bradwardine trouvait dans sa mémoire fournissaient à Waverley des sujets pour occuper son imagination, et lui ouvraient une nouvelle mine d'incidens et de caractères ; de son côté il rendait les jouissances qu'on lui procurait, en écoutant avec la plus grande attention. Il n'y a pas de conteur qui ne soit sensible à cette politesse ; mais le baron surtout voyait avec le plus grand plaisir cette marque de respect et de déférence pour sa personne ; M. Bradwardine était aussi intéressé par ses remarques et ses allusions qui confirmaient ou expliquaient ses pensées. Le baron aimait encore à parler des aventures de sa jeunesse, qu'il avait passée dans les camps en pays étrangers, et il connaissait des particularités curieuses sur les généraux sous lesquels il avait servi, et sur les combats auxquels il avait assisté.

(1) Auteur du *Gentle Shepherd*. — Éd.

Nos deux chasseurs rentrèrent à Tully-Veolan très-satisfaits l'un de l'autre. Waverley forma le projet d'étudier avec attention le caractère du baron, qu'il trouvait original, mais intéressant, le regardant comme un répertoire précieux de toutes les anecdotes anciennes et modernes; M. Bradwardine, de son côté, considérait Édouard comme un *puer* (ou plutôt comme un *juvenis*) *bonæ spei et magnæ indolis*, — un jeune homme ne ressemblant en rien à ces étourdis qui ne peuvent maîtriser la pétulance de leur âge, n'écoutent qu'avec impatience les avis des personnes sensées, et se permettent souvent de les tourner en ridicule. Il en tirait d'heureux augures pour ses succès à venir. Il n'y eut de convive étranger, ce jour-là, que M. Rubrick; et sa conversation, soit comme ecclésiastique, soit comme homme lettré, était en harmonie avec celle du baron et de son hôte.

Quelques minutes après le dîner, le baron, pour prouver qu'il ne s'était pas contenté de vanter la sobriété, mais qu'il l'avait pratiquée, proposa d'aller rendre visite à Rose, ou, pour nous servir de ses expressions, de *monter à son troisième étage*. Il conduisit donc Waverley à travers deux ou trois longs corridors, véritables labyrinthes pour embarrasser un hôte, inventés par les anciens architectes. Là M. Bradwardine, montant le premier, et deux à deux, les degrés d'un escalier étroit, escarpé et tournant, devança M. Waverley et M. Rubrick, pour aller annoncer à sa fille la visite qu'elle allait recevoir.

Après avoir grimpé dans cet escalier en spirale jusqu'à en éprouver des éblouissemens, ils arrivèrent enfin à une petite pièce carrée, garnie de nattes, qui servait d'antichambre à l'appartement de Rose, à son *sanctum sanctorum;* de là ils entrèrent dans son parloir (1). Cette pièce était petite, mais très-agréable, et s'ouvrait au midi: elle était ornée d'une tapisserie, et il y avait aussi deux portraits représentant, l'un la mère de Rose en bergère, avec une jupe à paniers; l'autre le baron à l'âge de dix ans, en habit bleu, en veste brodée, en chapeau galonné, en perruque à bourse, et tenant un arc à la main. Édouard ne put s'empêcher de sourire en voyant ce costume et la bizarre ressemblance qu'il y avait entre la figure ronde, vermeille et ingénue du portrait, et le visage maigre, le teint hâlé, la barbe, les yeux creux, et les rides de l'original, en qui tout attestait les traces de la guerre, des fatigues en tout genre et d'un âge avancé. Le baron en rit lui-même avec son hôte:—Ce portrait, lui dit-il, fut une fantaisie de femme qu'eut ma bonne mère, fille du laird de Tulliellum; capitaine Waverley, je vous ai montré sa demeure quand nous étions sur le sommet du Shinny-Heuch; elle fut brûlée en 1715 par les Hollandais, venus en qualité d'auxiliaires du gouvernement. Je n'ai jamais depuis fait faire mon portrait qu'une seule fois, et ce fut à l'invitation réitérée du maréchal duc de Berwick.

Le bon vieillard n'ajouta pas ce que M. Rubrick apprit ensuite à Édouard, que le maréchal lui avait fait cet honneur pour le récompenser de la bravoure qu'il avait montrée en montant le premier à la brèche, pendant la mémorable campagne de 1709, au siège d'une forteresse de la Savoie, et en s'y défendant avec sa demi-pique pendant plus de dix minutes avant d'être secouru. On doit rendre justice au baron: quoiqu'il fût porté à exagérer

(1) Salon de *causerie familière;* il y a, pour les soirées et les réceptions, un second salon. — ÉD.

la dignité de sa famille, il était réellement trop brave de sa personne pour faire mention de tout ce qui n'avait rapport qu'à son mérite personnel.

Miss Rose sortit en ce moment de sa chambre, et vint recevoir son père et ses amis. Les occupations et les travaux auxquels on voyait qu'elle s'était livrée faisaient l'éloge des heureuses dispositions qu'elle avait reçues de la nature, et qui n'avaient besoin que d'être cultivées. Son père lui avait appris le français et l'italien; elle avait sur les rayons de la bibliothèque quelques auteurs en ces deux langues. Il avait aussi essayé de lui apprendre la musique, mais comme il avait débuté par les discussions les plus abstraites, ou peut-être comme il n'était pas en état d'enseigner cette science, elle n'était parvenue qu'à savoir s'accompagner sur la harpe, ce qui, à cette époque, n'était pas très-commun en Écosse. En dédommagement elle chantait avec beaucoup de goût et d'expression, sans dénaturer le sens et les paroles, ce qui serait un modèle à proposer à des dames plus savantes musiciennes qu'elle. Le simple bon sens lui avait appris que si, comme le dit une grande autorité, — la musique se marie d'elle-même à l'immortelle poésie (1), — trop souvent le chanteur leur fait faire un divorce très-honteux. C'était peut-être à ce goût de poésie et à ce talent d'en fondre l'expression avec celle de la musique, que Rose devait de plaire par son chant aux personnes qui n'avaient pas la moindre connaissance de cet art, comme à beaucoup de musiciens qui préféraient sa voix à d'autres plus belles et d'un plus brillant effet, mais qui n'avaient pas l'inspiration d'un sentiment aussi délicat que le sien.

(1) Citation d'un poète. — Ed.

Une bartesane, ou galerie circulaire devant les fenêtres du parloir, servait à faire connaître une autre occupation de miss Rose. Elle était garnie de toutes sortes de fleurs qu'elle cultivait elle-même; on passait par une tourelle pour arriver à ce balcon gothique, d'où l'on avait un coup d'œil ravissant. Le jardin, entouré de hautes murailles et situé précisément au-dessous, vu de cette hauteur, ne paraissait qu'un simple parterre. Plus loin s'étendait un vallon ombragé où le cours du ruisseau se montrait quelquefois, et quelquefois disparaissait sous la verdure du taillis. L'œil s'arrêtait avec plaisir sur des rochers qui élevaient çà et là leurs cimes en clochers au-dessus du bois touffu, ou sur une vieille tour dont rien ne cachait les sombres et nobles ruines qui, du haut d'un promontoire, se réfléchissaient dans l'onde. A main gauche on voyait quelques chaumières du village : le revers de la montagne cachait les autres. Ce vallon ou *glen* (1) se terminait par une pièce d'eau qu'on appelait *le lac Veolan*; le ruisseau y portait ses flots, et dans ce moment ils étincelaient des rayons du soleil couchant. Le paysage lointain était varié quoique non boisé; la vue n'y était arrêtée que par une barrière d'azur qu'une chaîne de rochers formait du côté du midi à l'entrée de la vallée ou *strath* (2). C'était sur ce balcon ravissant que Rose avait fait servir le café.

(1) Le *glen* est le plus souvent un *vallon* tellement enclavé dans les montagnes, qu'il semble n'avoir qu'une issue, ou même aucune issue. Il renferme fréquemment le lit d'un torrent. — Éd.

(1) Le *strath* est encore une forme de vallée, particulière aux Highlands. C'est une vallée longitudinale qui s'étend sur les bords d'une rivière ou d'un ruisseau, et encaissée dans les montagnes. Les *glens* et les *straths* plaisent par leur contraste de verdure opposé aux hauteurs souvent arides qui les environnent. — Éd.

L'ancienne tour ou forteresse donna lieu au baron de raconter avec enthousiasme plusieurs anecdotes et histoires de chevalerie écossaise. L'angle saillant d'un roc incliné qu'on voyait près de là avait été appelé *la Chaise de saint Swithin*. C'était le théâtre d'une superstition sur laquelle M. Rubrick donna quelques détails qui rappelèrent à Waverley un fragment de ballade citée par Edgar dans *le Roi Lear* (1). Miss Rose fut invitée à chanter une romance qu'avait composée, d'après la légende, quelque poète villageois qui,

> Ignoré comme ceux dont il reçut la vie,
> De l'oubli, par ses vers, préserva plus d'un nom,
> Sans inscrire le sien au temple du Génie.

La douceur de sa voix, la beauté de la musique simple et naturelle, donnèrent à ce chant tout l'agrément que le poète eût désiré, et dont sa poésie avait le plus grand besoin : je crains bien qu'étant privée de ces avantages, cette romance ne lasse la patience du lecteur, quoique la copie que je lui offre paraisse avoir été retouchée par Waverley, en faveur de ceux dont le goût ne s'accommoderait pas de cette antique poésie trop littéralement reproduite.

(1) Edgar, le fils de Glocester, fait le fou, et cite à tout propos des proverbes et des vers qui n'ont quelquefois *ni rime ni raison*. Voici le sens du fragment auquel l'auteur fait allusion.

— Saint Withold (saint saxon qui préservait du cauchemar) traversa trois fois les dunes,

Il rencontra le cauchemar et ses neuf lutins ;

Il lui dit de descendre

Et de racheter son gage.

— Et décampe, sorcière, décampe, etc. — *King Lear*, act. II, sc. IV. — Éd.

LA CHAISE DE SAINT SWITHIN.

La veille de Toussaint (1), avant de t'endormir,
Aux habitans du ciel, chrétien, fais ta prière;
Ils défendront ta couche et viendront la bénir.
Invoque aussi Marie, en disant ton rosaire.

La veille de Toussaint la sorcière des nuits (2)
Plane dans l'horizon avec son noir cortège;
A la voix de l'orage elle mêle ses cris,
Ou se glisse en silence au travers de la neige.

La châtelaine vient prier saint Swithin.
L'humidité du soir baigne sa chevelure,
Son visage pâlit, son pas est incertain.....
Mais son regard s'anime et son cœur se rassure.

Elle vient répéter ce charme tout-puissant
Par lequel saint Swithin, arrêtant la sorcière,
La força de descendre, et lui dit fièrement
De lui répondre, au nom du Dieu de la lumière.

Quiconque osant s'asseoir sur la chaise du saint,
Adresse à la sorcière un mystique langage,
Peut exercer sur elle un pouvoir souverain,
Et la faire, trois fois, parler malgré sa rage.

Le baron a suivi le roi Bruce aux combats.
Depuis trois longs hivers la châtelaine ignore
S'il a trouvé, loin d'elle, un glorieux trépas,
Ou si, dans son manoir, il doit paraître encore.

(1) *Hallow mass Eve*, ou *All Halloween*, la veille de Toussaint, est un jour favorable pour les apparitions surnaturelles, selon une superstition qui a cours, non-seulement en Écosse, mais dans toute la Grande Bretagne. C'est le titre d'une des pièces les plus remarquables de Burns, qui y passe en revue toutes les pratiques superstitieuses en usage en Écosse la veille de la Toussaint. — Éd.

(2) *Night-hag*, le Cauchemar, qu'on appelle aussi *Night-Mare*. *Night*, nuit; *hag*, vieille sorcière; et *mare*, jument. C'est le *Smarra* de notre ami Charles Nodier. — Éd.

Elle hésite et frémit..... Enfin sort de sa bouche
Le mot dont saint Swithin a fait un talisman.
Quel est ce cri d'horreur? Est-ce la voix farouche
Du démon courroucé qui préside au torrent?

Le vent s'est tû soudain, et le torrent s'arrête;
Un silence de mort règne au loin dans les airs.
Ce calme, qui succède au bruit de la tempête,
Annonce un messager du prince des Enfers (1).

. . . .
. . . .
. . . .

— Je regrette de tromper l'attente de la société et surtout du capitaine Waverley, qui écoute si attentivement, dit miss Rose; mais ce n'est qu'un fragment, quoiqu'il y ait encore quelques vers dans lesquels le poète décrit le retour du baron de ses longues guerres, et la manière dont milady fut trouvée, froide comme la terre, sur le bord du ruisseau.

— C'est une de ces fictions, dit le baron, qui, dans des temps superstitieux, défiguraient les chroniques des plus illustres familles. Rome a eu ses prodiges, ainsi que plusieurs autres nations de l'antiquité, comme l'on peut s'en convaincre en lisant l'histoire ancienne, ou le petit volume compilé par Julius Obsequens (2), et dédié par le

---

(1) On reconnaît le rapport qu'il y a entre ce fragment de ballade et le fragment cité dans la note précédente sur Edgard et saint Withold. — ÉD.

(2) Julius Obsequens, auteur latin qui vivait, suivant les biographes, vers la fin du 4e siècle, et était contemporain de l'historien Paul Orose. Il paraît, d'après ses écrits, qu'il était resté fidèle au culte de l'antique Capitole. Son livre des Prodiges, dont il est ici question, est une compilation de tous les miracles de la religion des Romains. L'édition de Hof, avec les commentaires

savant éditeur Scheffer, à son patron Benedictus Skytte, baron de Dudershoff.

— Mon père a la plus grande défiance du merveilleux, dit miss Rose : il lui arriva une fois de conserver son sang-froid pendant qu'un synode de presbytériens se dispersa à l'apparition de l'Esprit malin.

Waverley témoigna par ses regards qu'il désirait connaître les détails de cette scène.

— Voulez-vous, dit miss Bradwardine, que je vous rapporte cette histoire tout au long, comme je vous ai chanté la romance? Eh bien! il y avait une fois une vieille appelée Jeannette Gellatley, qui passait pour être sorcière, et cela pour des motifs bien puissans sans doute : elle était très-âgée, très-laide et très-pauvre. Elle avait deux fils, dont l'un était poète et l'autre presque privé de la raison; on prétendit dans le pays que cette mère dénaturée avait jeté un maléfice sur son malheureux fils. Elle fut arrêtée comme sorcière, et mise en prison dans le clocher de la paroisse. Là on ne lui donna que très-peu de nourriture, sans lui permettre de dormir ; son cerveau se troubla, au point qu'elle crut être réellement sorcière, comme le prétendaient ses accusateurs; pendant que son esprit se trouvait dans cet état, elle reçut l'ordre de faire une confession générale devant tous les Whigs et tous les presbytériens du canton, qui n'étaient pas sorciers eux-mêmes. Comme l'accusée était née dans le domaine de mon père, il se rendit à l'assemblée pour voir l'issue de ce beau procès entre une sorcière et le clergé. Pendant que la pauvre

---

Scheffer et d'Oudendorp, est de 1772. On nous pardonnera de remarquer encore ici que l'auteur de Waverley force son éditeur d'être un peu *bouquiniste*, bon gré mal gré. — Éd.

femme confessait que le diable lui apparaissait sous la forme d'un beau jeune homme noir (et si vous aviez vu la pauvre Jeannette avec ses yeux chassieux, vous conviendriez que ce choix faisait peu d'honneur au goût d'Apollyon) (1), tous les assistans, muets d'étonnement, prêtaient une oreille attentive, et le greffier écrivait d'une main tremblante cette déclaration étrange, lorsque la pauvre fille changea tout à coup de ton, et dit en poussant un grand cri : — Prenez garde à vous, prenez garde ; je vois le diable au milieu de vous. — La frayeur s'empara de toute l'assemblée ; chacun se hâta de prendre la fuite ; heureuses les personnes qui se trouvaient près de la porte ! Quelle confusion, quel désordre régna parmi les coiffes, parmi les chapeaux et les perruques, avant que l'église fût évacuée ! Il n'y resta que notre prélatiste (2) obstiné, pour mettre tout d'accord, à ses risques et périls, entre la sorcière et son admirateur.

— *Risu solvuntur tabulæ* (3), dit le baron. Quand on revint de cette terreur panique, on en eut trop de honte pour recommencer les poursuites contre Jeannette Gellatley.

Cette anecdote amena une longue discussion sur

> Ces vagues fictions, ces bizarres mensonges,
> Entretien du foyer au retour des frimas,
> Pour l'enfance crédule entretien plein d'appas,
> Et qui souvent poursuit l'âge mûr dans ses songes.

Ce fut par une conversation semblable, et par les légendes romantiques que le baron raconta, que se termina le second jour passé par notre héros à Tully-Veolan.

(1) Nom de Lucifer dans l'*Apocalypse*. — Éd.
(2) De la secte épiscopale. — Éd.
(3) Le rire termine le procès. — Tr.

CHAPITRE XIV.

Découverte. — Waverley s'établit commensal à Tully-Veolan.

Le lendemain, Édouard se leva de bonne heure et fit sa promenade du matin autour de la maison et dans les environs. En rentrant, il passa par une petite cour où était le chenil; son ami Davie était occupé à donner ses soins aux quadrupèdes confiés à sa charge. Il reconnut de suite Édouard du coin de l'œil, mais il ne fit pas semblant de l'avoir aperçu, et lui tournant le dos, il se mit à chanter ce passage d'une vieille ballade :

L'amour de la jeunesse est toujours plus ardent!
Entendez-vous gazouiller l'hirondelle ?
Mais l'amour du vieillard est toujours plus constant.
La grive dort, la tête sous son aile.

La fureur du jeune homme est un feu pétillant?
Entendez-vous gazouiller l'hirondelle?
La fureur du vieillard est un acier brûlant.
La grive dort, la tête sous son aile.

Le jeune homme s'emporte à la fin du festin.
Entendez-vous gazouiller l'hirondelle?
Mais le vieillard se venge au retour du matin.
La grive dort, la tête sous son aile (1).

Waverley ne put s'empêcher d'observer qu'il y avait dans l'emphase de Davie quelque chose qui prêtait à ces vers un sens satirique : il s'approcha de lui, et chercha par plus d'une question détournée à savoir ce qu'il voulait dire; mais Davie n'était pas d'humeur à s'expliquer, et avait assez d'esprit pour cacher sa malice sous le manteau de sa folie. Édouard ne put rien tirer de lui, sinon que, lorsque le laird de Balmawhapple était venu au château, ses bottes étaient couvertes de sang. Il trouva dans le jardin le vieux sommelier, qui ne lui nia plus qu'ayant été élevé dans la pépinière de MM. Sumac et compagnie, à Newcastle, il s'occupait quelquefois à arranger les plates-bandes pour faire plaisir au laird et à miss Rose. Après une longue série de questions, Édouard apprit enfin, non sans ressentir un violent chagrin et sans éprouver la plus grande surprise, que les excuses soumises de Balmawhapple étaient la suite de son duel avec le baron. Pendant que lui-même dormait encore, ils s'étaient battus, et le jeune homme avait été blessé au bras droit et désarmé.

(1) Ce double refrain, qui semble ne pas appartenir au reste de la stance, se retrouve dans quelques ballades françaises, sans compter le *Marlbroug s'en va-t'en guerre.* — Éd.

Cette découverte mortifia Waverley ; il se rendit auprès de son hôte, et lui adressa quelques remontrances respectueuses sur l'espèce d'injustice qu'il y avait eu à le prévenir dans son intention de se mesurer avec Falconer, ce qui, attendu son âge et sa profession, pouvait être traduit à son désavantage. — L'apologie que le baron fit de sa conduite est beaucoup trop longue pour être rapportée. Il insista avec force sur ce que, l'insulte leur étant commune, Balmawhapple, d'après les lois de l'honneur, ne pouvait se dispenser de donner satisfaction à l'un et à l'autre. — Il l'a fait, ajouta-t-il, en mettant l'épée à la main contre moi, et en vous faisant de justes excuses ; vous les avez reçues, c'est une affaire finie. Waverley, n'ayant rien à objecter à cette allégation, eut l'air d'en être satisfait; mais il ne put s'empêcher de maudire l'*ours sacré* qui avait fait naître cette querelle, et de témoigner que cette coupe ne méritait pas l'épithète qu'on lui avait donnée. Le baron fit observer que, quoique le blason représentât l'ours comme un animal soumis et docile, on ne pouvait cependant disconvenir qu'il n'eût dans le caractère quelque chose de dur, de sauvage et de morose, ainsi que l'avait démontré Archibald Simson, pasteur de Dalkeith, dans son traité des *Hiéroglyphes des animaux* (1). Cet ours, ajouta-t-il, a occasioné bien des querelles dans la famille de Bradwardine. Je puis vous parler d'une affaire qui m'est personnelle, et qui malheureusement eut lieu avec un de mes cousins du côté de ma mère, sir Hew Halbert; il fut assez malavisé pour tourner en ridicule mon nom de famille, comme

---

(1) *Hieroglypha animalium*. — Éd.

s'il eût été, *quasi Bear-Warden* (1). C'était une plaisanterie très-incivile; car non-seulement il insinuait que le fondateur de notre race était un gardien de bêtes, métier qui n'appartient qu'aux plus vils plébéiens, mais il donnait encore à entendre que notre écusson n'était point le noble prix de hauts faits d'armes, et qu'il avait été appliqué par paranomase (2), ou jeu de mots, au titre de notre famille : sorte d'emblème que les Français appellent *armoiries parlantes*, les Latins *arma cantantia*, et vos auteurs anglais *canting heraldry* (3). Ce serait là une espèce de blason digne des baragouineurs, des gens portant besace et autres mendians dont le jargon se compose de jeux de mots, plutôt que la noble, utile et honorable science du blason qui proclame les armoiries comme la récompense des nobles et généreuses actions, au lieu de s'occuper de vains quolibets, comme on en trouve dans les recueils de calembourgs. — Le baron ne dit plus autre chose concernant sa querelle avec sir Hew Halbert, sinon qu'elle s'était terminée d'une manière convenable.

Après être entré dans ces détails sur les plaisirs de Tully-Veolan pendant les premières semaines du séjour d'Édouard, pour en mieux faire connaître les habitans, nous croyons pouvoir nous dispenser de rapporter avec une exactitude aussi scrupuleuse tout ce qui s'y passa depuis. Il est à présumer qu'un jeune homme habitué à une société plus joyeuse aurait bientôt fini par s'en-

(1) *Quasi gardien d'ours; Bear-Warden*, dont on aurait fait *Bradwardine*. — Éd.

(2) Du grec *para*, proche, et *onoma*, nom, *différence entre deux mots*. — Tr.

(3) Blason de patois, blason de mots. — Éd.

nuyer de la conversation d'un avocat aussi ardent de la dignité du blason ; mais Édouard trouvait une agréable compensation dans ses entretiens avec miss Rose ; elle écoutait avec un plaisir toujours nouveau ses réflexions sur la littérature, et montrait par ses réponses le goût le plus pur. Graces à la douceur de son caractère, elle s'était soumise avec complaisance et même avec plaisir aux lectures indiquées par son père, quoiqu'il l'eût condamnée à lire non-seulement d'énormes in-folios sur l'histoire, mais des traités plus volumineux encore sur les controverses ecclésiastiques. Quant au blason, son père s'était contenté de lui en donner un légère teinture, en lui faisant lire les deux in-folios de Nisbett (1). Le baron aimait Rose comme la prunelle de ses yeux ; sa douceur inaltérable, sa constante application à rendre ces légers services qui plaisent d'autant plus qu'on n'aurait jamais pensé à les demander ; sa beauté qui retraçait au baron les traits adorés d'une femme chérie ; sa piété sincère et sa générosité, auraient suffi pour justifier la tendresse du plus partial des pères.

L'amour qu'elle inspirait au baron semblait cependant ne pas s'étendre jusque dans cette partie de la prévoyance paternelle où l'on croit généralement qu'un père prouve surtout sa tendresse pour sa fille : c'est-à-dire dans le soin de fixer son avenir, soit par un riche douaire, soit par un riche mariage. En vertu d'une ancienne substitution, la baronnie et toutes ses dépendances devaient passer après la mort du baron à

(1) *Nisbett's system of heraldry.* Ces deux vol. petit in-folio ont été réimprimés depuis 1800 en Angleterre, où la science du blason est encore assez étudiée pour faire partie des catéchismes de Pinnock, petite encyclopédie du peuple. — Éd.

un parent éloigné, et tout portait à croire que miss Bradwardine resterait avec un très-mince douaire, car l'argent comptant du baron avait été trop long-temps livré à l'administration du bailli Macwheeble, pour qu'on pût attendre grand'chose de sa succession personnelle. Il est vrai que le bailli aimait beaucoup son maître et miss Rose, mais il s'aimait encore plus lui-même. Il avait pensé d'abord qu'il n'était pas impossible de faire annuler l'acte de substitution qui était en faveur de la descendance mâle; il s'était même procuré à cet effet (et gratis comme il s'en vantait) une consultation signée d'un éminent avocat consultant d'Écosse, qu'il avait amené adroitement sur cette question, tout en le consultant régulièrement sur quelque autre affaire; mais le baron ne voulut en aucune manière entendre parler de cette transaction; au contraire, il prenait un plaisir cruel à répéter avec emphase que la baronnie de Bradwardine était un fief mâle, et que la charte qui l'avait fondée datait de ces temps reculés où les femmes étaient regardées comme inhabiles à régir de semblables fiefs, parce que, *suivant les coustusmes de Normandie, c'est l'homme ki se bast et ki conseille :* ou, comme d'autres auteurs bien moins galans encore, dont il aimait à citer tous les noms barbares, le disent expressément, parce que la femme ne peut servir le suzerain ou seigneur féodal à la guerre, et cela par égard pour la pudeur et pour la décence, ni l'aider de ses avis dans son conseil, à cause des bornes de son entendement et de sa faiblesse physique. — Qu'on me dise, s'écriait-il d'un air triomphant, s'il serait convenable qu'une femme de la famille de Bradwardine fût chargée d'ôter les bottes de son roi dans un jour de bataille; et c'est précisément l'obligation des barons de notre race, *exuendi, seu detrahendi caligas regis post battaliam....* Non, non, répétait-il, *procul dubio,* il est hors de doute qu'il n'y ait eu plusieurs dames aussi méritantes que Rose, qui ont été exclues de la succession pour me faire place. Me préserve le ciel d'en disposer autrement que ne l'ont fait mes ancêtres, ni de blesser les droits de mon parent Malcolm Bradwardine de Inchgrabbit ! Quoiqu'il soit bien déchu, je me plais à le reconnaître pour un honorable membre de ma famille.

Le bailli, en sa qualité de premier ministre, après avoir reçu de son souverain cette décision irrévocable, crut qu'il était prudent de ne pas insister ; mais lorsqu'il rencontrait Saunderson, le ministre de l'intérieur, ils gémissaient ensemble sur l'insouciance de leur seigneur et maître. Ils s'entretenaient un jour du projet d'unir miss Rose au jeune laird de Balmawhapple. — Il possède une belle terre, très-peu grevée de dettes, disait le bailli ; c'est un jeune homme sans défaut, sobre comme un saint, si vous le tenez loin de l'eau-de-vie, et l'eau-de-vie loin de lui ; on ne peut lui faire le moindre reproche, sinon qu'il fréquente parfois des gens de bien bas étage, tels que Jinker le maquignon et..... et Gibby Gaethrowit, le joueur de cornemuse de Cupar; mais il se corrigera.

— Oui, M. Saunderson, il se corrigera, prononçait le bailli.....

— *Oui, comme la bière aigre se corrige au mois d'août,* ajouta Gellatley, qui se trouvait plus près d'eux qu'ils ne le supposaient.

Miss Bradwardine, telle que nous l'avons dépeinte, avait toute la simplicité et la curiosité d'une recluse;

aussi saisit-elle avec empressement l'occasion que lui fournissait la visite d'Édouard pour agrandir le cercle de ses connaissances en littérature. Waverley fit venir de la ville où son régiment était en garnison, une partie de ses livres ; ils ouvrirent à miss Rose une source de jouissances dont elle n'avait pas même l'idée. Les plus grands poètes en tout genre et les meilleurs cours de littérature faisaient partie des volumes expédiés à Tully-Veolan. La musique et les fleurs furent presque entièrement oubliées par miss Bradwardine ; Saunderson, non-seulement en fut attristé, mais il finit par se dégoûter d'un travail qui ne lui valait plus un seul remerciement. Les nouveaux plaisirs que préférait miss Rose lui devenaient de jour en jour plus chers, parce qu'elle les partageait avec quelqu'un qui avait les mêmes goûts. L'empressement avec lequel Waverley expliquait un passage difficile, ou faisait une lecture désirée, rendait sa société inappréciable ; et les dispositions romanesques de son esprit enchantaient un caractère trop novice encore pour en discerner les défauts. Lorsque le sujet l'intéressait et quand il était tout-à-fait à son aise, Édouard avait cette éloquence naturelle et quelquefois brillante qui fait plus d'impression sur le cœur d'une femme que la beauté, la naissance et la fortune ; il y avait donc un danger toujours croissant dans ce commerce habituel pour la tranquillité de la pauvre Rose, d'autant plus que son père était trop occupé de ses études abstraites, et avait une trop haute idée de sa dignité, pour rêver un moment à quoi était exposée sa fille. Dans son opinion, les femmes de la famille de Bradwardine ressemblaient à celles de la maison de Bourbon ou d'Autriche ; placées dans une sphère élevée que les nuages des passions ne pouvaient jamais obscurcir, elles étaient, suivant lui, au-dessus des faiblesses des femmes vulgaires. Bref, il ferma si bien les yeux sur les conséquences de l'intimité qui s'était établie entre sa fille et Waverley, que tout le voisinage en conclut qu'il avait compris les avantages de l'union de sa fille avec le riche et jeune Anglais : du moins, ajoutait-on, il n'est pas aussi fou qu'il l'avait presque toujours été jusqu'ici dans ses affaires d'intérêt.

Si le baron eût réellement pensé à faire cette alliance, il eût trouvé un obstacle insurmontable dans l'indifférence de Waverley. Depuis que notre héros avait des rapports plus directs avec la société, il avait appris à être honteux et confus de sa *légende de sainte Cécile* : et ses réflexions peu flatteuses à ce sujet servirent pendant quelque temps de contre-poids à la facilité naturelle de son cœur. D'ailleurs, miss Rose, toute belle et aimable qu'elle était, n'avait point le genre de mérite qui peut captiver un jeune homme sans expérience et d'un esprit tout-à-fait romanesque. Elle était trop franche, trop confiante, trop bonne ; ces qualités sont précieuses sans doute, mais elles détruisent tout le merveilleux dont l'imagination fantasque d'un jeune homme aime à s'entourer. Était-il possible à Édouard de soupirer, de trembler et d'adorer, devant une jeune fille, timide, il est vrai, mais enjouée, qui tantôt venait lui demander de tailler sa plume, tantôt de lui faire la construction d'une stance du Tasse, tantôt de lui aider à orthographier un long, — très-long mot de la version qu'elle en avait faite? Tous ces incidens séduisent l'esprit et le cœur à une certaine époque de la vie, mais non à la première entrée dans le monde, alors que le jeune homme cherche un objet dont l'affection le relève et l'ennoblisse à ses propres yeux, au lieu de s'abaisser jusqu'à celui qui attend de lui cette même distinction. Quoiqu'on ne puisse établir aucune règle certaine sur un sentiment aussi capricieux que l'amour, on peut cependant dire qu'un jeune amant est ordinairement guidé par l'ambition dans son premier choix ; ou, ce qui revient au même, qu'il a soin (comme dans la légende de sainte Cécile, déjà mentionnée) de le chercher dans un rang qui est assez loin du sien pour laisser pleine carrière à ce *beau idéal* que les réalités d'un commerce intime et familier ne tendent qu'à défigurer et à décolorer. J'ai connu un jeune homme rempli de talens, qui, épris d'une jolie femme dont l'esprit ne correspondait pas à sa beauté et à sa tournure, se guérit de sa passion en causant librement avec elle pendant une après-dînée. Je suis bien assuré que, si Waverley avait eu l'occasion de lier conversation avec miss Stubbs, miss Rachel n'aurait pas eu besoin de prendre tant de précaution, car il serait tout aussi bien devenu amoureux de la laitière. Quoique miss Bradwardine fût une personne tout autre, il est probable que l'intimité qui régnait entre elle et Waverley ne permit pas à ce dernier d'éprouver d'autre intérêt pour elle que celui d'un frère pour une sœur aimable, tandis que la pauvre Rose se livrait chaque jour davantage, sans le savoir, aux impressions d'un attachement plus tendre.

J'aurais dû prévenir le lecteur qu'Édouard avait obtenu la permission de prolonger son absence. Son colonel, en la lui accordant, lui recommandait dans sa lettre, d'une manière tout-à-fait amicale, de ne pas faire exclusivement sa société de ces gentilshommes qui, quoique très-estimables d'ailleurs, avaient la réputation de ne pas aimer le gouvernement, et se refusaient à lui prêter serment d'obéissance. Il insinuait d'une manière délicate, qu'il serait possible que des liaisons ou des rapports de famille l'obligeassent à fréquenter des personnes qui avaient le malheur d'être suspectes; mais qu'il ne devait pas oublier que, dans la position où se trouvait son père, il ne pouvait que désirer ardemment que son fils ne formât point de liaison intime avec elles. Le colonel lui faisait sentir encore qu'en même temps que ses opinions politiques couraient quelque danger dans la société de gens de ce caractère, il risquait aussi de recevoir de fausses impressions, sur la religion, des prêtres *épiscopaux* qui cherchaient avec tant de malveillance à introduire la prérogative royale dans les choses sacrées.

Cette dernière insinuation fit que Waverley regarda son colonel comme également influencé par ses préjugés sur ces deux articles. Il avait remarqué que M. Bradwardine avait eu la délicatesse d'éviter scrupuleusement de prononcer un seul mot qui pût avoir le rapport le plus éloigné aux affaires du gouvernement, quoiqu'il fût lui-même un des plus chauds partisans de la famille exilée, et qu'il eût été chargé pour elle de plusieurs missions importantes. Étant donc bien persuadé qu'il n'avait pas à craindre que le baron fit la moindre tentative pour ébranler sa fidélité à son prince, Édouard se disait qu'il serait injuste en quittant sans motif la maison du vieux ami de son oncle, où il s'amusait et faisait lui-même plaisir, pour se prêter à des préventions et à des soupçons sans fondement. Il se contenta de faire une réponse vague, assurant son colonel qu'il pouvait être sans inquiétude sur les sociétés qu'il fréquentait; et que la fidélité qu'il avait jurée au gouvernement ne courait pas le moindre danger : en conséquence il continua à se regarder à Tully-Veolan comme un ami de la maison.

CHAPITRE XV.

Un Creagh (1) et ses suites.

Édouard habitait Tully-Veolan depuis environ six semaines, lorsqu'un matin, sortant pour faire, avant le déjeuner, sa promenade accoutumée, il fut frappé du tumulte qui régnait dans toute la maison. Quatre laitières, les jambes nues, tenant chacune à la main leur seau vide, couraient çà et là avec des gestes convulsifs, et ne cessaient pas de faire entendre des cris et des exclamations de surprise, de douleur et de colère. A leur aspect, un païen les aurait prises pour un détachement des célèbres Bélides (2) échappées à leur sup-

(1) On va voir la véritable signification du mot *creagh*, que nous traduirons provisoirement par *déprédation*. — Éd.
(2) Danaïdes (de Bélus). — Éd.

plice.—Dieu nous aide!—*Eh sirs!* (1) telles étaient toutes les paroles qu'on pouvait leur arracher et qui n'expliquaient nullement la cause de leur désespoir. Waverley se rendit donc dans la cour d'entrée, d'où il aperçut le bailli Macwheeble au milieu de l'avenue, excitant son poney gris. On voyait qu'il avait reçu un message très-pressé, et il était accompagné de huit à dix paysans qui n'avaient pas eu beaucoup de peine à le suivre à son pas.

Le bailli était trop affairé et trop plein de son importance pour s'amuser à donner la moindre explication à Édouard; il demanda M. Saunderson, qui l'aborda d'un air solennel et triste. Ils entrèrent de suite en colloque secret. Gellatley se faisait distinguer, dans les groupes, oisif et insouciant, comme Diogène au siège de Sinope. Le moindre événement heureux ou malheureux suffisait pour tirer ses facultés de leur apathie habituelle; il se mit à sauter et à danser en chantant le refrain d'une ancienne ballade :

<blockquote>Adieu notre richesse (2).</blockquote>

Mais en passant devant le bailli, il reçut de son fouet un avertissement qui lui fit changer ses chants joyeux en lamentations.

Waverley allait entrer dans le jardin, lorsqu'il aperçut le baron arpentant à grands pas la longueur de sa terrasse; il y avait sur son front comme un nuage d'indignation et d'orgueil blessé; tout indiquait dans sa démarche et ses gestes que toute question lui serait pour

---

(1) *Eh messieurs!* Nous avons déjà remarqué cette exclamation des femmes d'Écosse, à l'arrivée du héros à Tully-Veolan. — Éd.

(2) *Our gear's a' gane.*
Notre richesse est toute partie. — Éd.

le moment importune, si même il ne s'en offensait pas. Waverley rentra donc dans la maison sans lui adresser la parole, et se rendit dans la salle du déjeuner, où il trouva sa jeune amie Rose qui, sans exprimer l'indignation du baron, le désespoir des laitières, ni l'importance offensée du bailli, paraissait soucieuse et contrariée. Un seul mot mit Édouard au courant de tout.

—Votre déjeuner, dit-elle, sera un déjeuner troublé, capitaine Waverley. Une bande de caterans a fait une descente cette nuit, et a enlevé toutes nos vaches.

— Une bande de caterans?

—Oui, capitaine, des voleurs des montagnes voisines. Nous étions préservés de leurs insultes, moyennant le black-mail (1) que mon père payait à Fergus Mac-Ivor Vich Ian Vohr; mais mon père a cru qu'il était indigne d'un homme de sa naissance et de son rang de payer plus long-temps un semblable tribut. Voilà la cause du désastre qui nous est arrivé. Si vous me voyez triste, capitaine, ce n'est pas à cause de la perte que nous avons éprouvée, mais mon père est indigné de cet affront. Il est si téméraire et si bouillant, que je crains qu'il ne veuille essayer de recouvrer ses vaches par la force. En supposant qu'il ne lui arrivât aucun malheur, et qu'il ne fût pas blessé lui-même, il pourrait blesser et même tuer quelqu'un de ces hommes sauvages; alors il n'y aurait plus ni paix ni trêve entre eux et notre famille. Nous n'avons plus comme autrefois les moyens de nous

---

(1) *Black-mail*, *rente* ou *tribut du voleur*, du verbe saxon, devenu celte, *to black*, *blacken*, piller, et de *mail*, *rente*, *tribut*. C'est donc en s'éloignant de l'étymologie que les Anglais appellent contribution noire cette taxe, qui était un *abonnement* fait avec les montagnards. — Éd.

défendre ; le gouvernement a fait enlever toutes nos armes ; et mon père est si imprudent... Ah ! grand Dieu ! comment se terminera tout ceci ?

La pauvre Rose n'eut pas la force de continuer, et ses yeux se remplirent de larmes.

Le baron entra, et fit à sa fille une sévère réprimande ; Waverley ne l'avait pas encore entendu parler à personne d'un ton aussi dur. — N'avez-vous pas honte, lui dit-il, de vous montrer si affligée devant quelqu'un pour un objet semblable? On pourrait dire que c'est pour quelques vaches et quelques bœufs que vous pleurez, comme si vous étiez la fille d'un fermier du comté de Chester. Capitaine Waverley, je vous prie de croire que sa douleur provient uniquement de voir que son père soit outragé par de vils maraudeurs qui viendront bientôt ravager ses terres, et qu'il n'ait pas même à sa disposition une demi-douzaine de mousquets pour se défendre ou pour se faire craindre.

Le bailli Macwheeble entra un moment après, et, par le rapport qu'il fit sur les armes et les munitions du manoir, il confirma la vérité de ce que venait de dire le baron. Il exposa d'un ton de doléance que, quoique tous ses gens fussent disposés à lui obéir, on ne pouvait fonder une grande espérance sur leurs secours. — Il n'y a que vos domestiques, ajouta-t-il, qui aient des pistolets et des épées ; tandis que les déprédateurs, qui sont au moins au nombre de douze, sont armés complètement, selon l'usage de leur pays.

Après avoir fait ces pénibles réflexions, il prit une attitude d'accablement muet, branlant d'abord la tête avec l'oscillation ralentie d'un pendule qui va cesser de vibrer, et puis il resta tout-à-fait immobile et dans le plus profond silence, formant, par la projection de son corps, un arc plus grand qu'à l'ordinaire.

Cependant le baron, rempli d'indignation, se promenait à grands pas, sans prononcer une parole; il s'arrêta enfin pour contempler un portrait représentant un gentilhomme armé de toutes pièces, et dont le visage était presque entièrement couvert par une forêt de cheveux qui tombaient sur sa poitrine et sur ses épaules. — Capitaine Waverley, dit-il, voilà le portrait de mon grandpère! avec deux cents chevaux qu'il avait levés sur ses terres, il battit et mit en déroute un corps de plus de cinq cents de ces voleurs montagnards qui ont toujours été la pierre d'achoppement et de scandale pour les habitans de la plaine, *lapis offensionis et petra scandali :* il les battit complètement, dis-je, à une époque où ils eurent la témérité de venir tourmenter cette contrée; c'était pendant les troubles de la guerre civile, l'an de grace 1642. Et c'est à son petit-fils qu'on ose faire un outrage semblable!....

A ces paroles succéda un silence solennel après lequel chaque membre de cette petite société émit un avis différent, comme il arrive toujours dans ces sortes de circonstances. Alexander ab Alexandro proposa d'envoyer quelqu'un pour composer avec les caterans. — Je suis assuré, dit-il, qu'ils s'empresseront de restituer les vaches à un *dollar* par tête. Le bailli s'empressa de faire observer qu'une telle transaction serait un theft-boot, ou composition de félonie (1), et il était plutôt d'avis d'en-

(1) Le *Theft-boot*, selon la définition de Blackstone, est le consentement de reprendre le bien volé ou une indemnité, en renonçant à poursuivre le voleur. Ce délit était jadis regardé comme complicité; on ne le punit plus aujourd'hui que d'amende et d'em-

voyer une *fine main* (1) dans les *glens*, pour y faire le meilleur marché possible, comme pour soi-même, afin que le laird ne parût pas dans une telle affaire. Édouard proposa de faire venir de la garnison la plus voisine un détachement de soldats avec le *warrant* (2) d'un magistrat. Rose osa insinuer, mais à voix basse, qu'il vaudrait peut-être mieux payer le tribut arriéré à Fergus Mac-Ivor Vich Ian Vohr, qui ferait facilement, comme on le savait, restituer les bestiaux, si on se le rendait propice.

Aucune de ces propositions ne satisfit le baron. L'idée de toute composition directe ou indirecte lui paraissait ignominieuse. L'avis de Waverley prouvait seulement qu'il n'avait pas la moindre connaissance des mœurs et des dissensions politiques du pays : — Quant aux arrangemens à prendre avec Fergus Mac-Ivor Vich Ian Vohr, dit le baron, je ne consentirai pas à lui faire la moindre concession, dût-il faire restituer *in integrum* toutes les vaches et tous les bœufs que son clan a volés à dater de Malcolm Canmore. Le baron persistait donc à pencher pour la guerre. — Qu'on fasse avertir, dit-il, les lairds Balmawhapple, Killancureit, Tulliellum et tous les lairds du voisinage exposés aux mêmes déprédations.

---

prisonnement. La loi salique assimilait de même au voleur l'homme volé qui se permettait une pareille transaction. *Latroni similem habuit qui furtum celare vellet, et occultè sine judice ejus compositionem admittere.* (*De Jure gothico.*) Le mot propre nous a mis sur la voie de cette définition *savante;* mais le mot propre est venu tout naturellement au bailli, qui est *un peu* légiste comme l'auteur. — Éd.

(1) *A canny hand*, une fine main, un homme adroit. —Éd.

(2) *Warrant*, ordre d'arrêter, signé d'un juge de paix. — Éd.

Qu'ils joignent leurs forces aux nôtres pour poursuivre les voleurs, et alors ces *nebulones nequissimi* (1) comme Leslie les appelle, éprouveront le sort de leur prédécesseur *Cacus* ;

Elisos oculos, et siccum sanguine guttur (2)

Le bailli, qui n'aimait nullement cet avis belliqueux, tira de son gousset une montre de la couleur et presque de la grosseur d'une bassinoire d'étain, et fit observer à son maître qu'il était midi passé ; qu'on avait aperçu les caterans au lever du soleil, déjà parvenus au défilé de Ballybrough, et qu'ainsi, avant que ses alliés eussent rassemblé leurs forces, les voleurs seraient en lieu de sûreté, au milieu de leurs déserts, où il ne serait pas moins inutile que dangereux de les aller chercher.

Il n'y avait rien à répondre à cette observation ; et l'assemblée se sépara sans avoir rien décidé, comme il est arrivé plus d'une fois dans des circonstances d'une plus haute importance : il fut seulement convenu que le bailli enverrait ses trois vaches dans la ferme (3) de Tully-Veolan, pour les besoins de la famille du baron, et qu'on ferait chez lui usage de petite bière au lieu de lait. Saunderson avait suggéré cet arrangement, et le bailli s'était empressé d'y consentir, d'abord par respect pour la famille de Brawardine ; en second lieu, parce

(1) Méchans voleurs. —Tr.

(2) Ses yeux sont arrachés, par sa gorge béante
A coulé tout son sang — Tr.

(3) *The mains.* Ce mot peut être une contraction du mot *manys*, le manoir ; mais on appelle *the mains* les fermes qui font partie d'un château : le sens est donc ici bien compris. — Éd.

qu'il était bien convaincu que sa courtoisie lui serait payée au décuple.

Le baron sortit pour donner quelques instructions nécessaires, et Waverley saisit cette occasion pour demander à miss Rose si ce Fergus, dont il était impossible de prononcer l'autre nom, était le Thief-Taker du canton (l'officier chargé d'arrêter les voleurs).

— Le Thief-Taker! répondit Rose en riant, c'est un gentilhomme honorable, d'une grande importance; le Chieftain (1) de la branche indépendante d'un clan puissant des montagnes, est très-respecté tant à cause de son propre crédit que de ses amis, parens et alliés.

— Qu'a-t-il donc de commun avec les voleurs? est-il magistrat? est-il de la commission de la paix (2)?

— Il est bien plutôt de la commission de la guerre.... c'est un très-mauvais voisin pour ceux qui ne sont pas de ses amis; il a une plus grande suite que d'autres trois fois plus riches que lui. Quant à ses rapports avec les voleurs, je ne puis vous en donner une explication bien claire; je sais seulement qu'on n'a rien à craindre d'eux, pourvu qu'on paie le black-mail à Vich Ian Vohr.

— Et qu'est-ce que le black-mail?

— C'est une espèce d'argent de protection que les gentilshommes des basses terres, vivant près des Highlands, paient à un chef des montagnes pour qu'il ne leur fasse lui-même aucun mal, et qu'il empêche les autres de lui

---

(1) Les montagnards sont partagés en tribus ou clans subdivisés en diverses branches. Chaque clan a son chef; chaque branche son petit-chef, *chieftain*. Voyez la notice, pour les détails de cette hiérarchie patriarcale. — Éd.

(2) C'est-à-dire du corps des juges-de paix, *justices of peace*, nommés par commission du roi. — Éd.

en faire. Si l'on vous enlève votre bétail, vous n'avez qu'à écrire un mot au chef, et il vous est rendu sur-le-champ; ou bien il fait une incursion dans un autre endroit éloigné où il a une querelle, et il y prend des vaches pour remplacer les vôtres.

— Et cette espèce de Jonathan Wild des Highlands (1), dit Waverley, est reçu dans la société! on lui donne le nom de gentilhomme!

— Oui, certes, et tellement que la querelle de mon père avec Fergus Mac-Ivor date d'une assemblée de canton où Fergus voulait avoir le pas sur tous les gentilshommes des Lowlands; mon père fut le seul qui osa lui contester ce droit. Alors Fergus lui reprocha d'être sous sa bannière, et de lui payer tribut. Mon père entra dans une grande colère, car le bailli Macwheeble, qui administre selon ses idées, s'était arrangé pour lui faire un secret de ce black-mail, et l'avait passé et compté parmi les autres taxes. Il y aurait eu un duel; mais Mac-Ivor dit poliment qu'il ne lèverait jamais la main sur une tête à cheveux blancs aussi respectable que celle de mon père.... Ah! plût à Dieu qu'ils eussent continué à vivre en bonne intelligence!

— Dites-moi, je vous prie, avez-vous vu quelquefois ce M. Mac-Ivor? si c'est là son nom, miss Bradwardine?

— Non, ce n'est pas son nom; il se croirait insulté si vous l'appeliez *master* (2), si ce n'est qu'étant Anglais vous ne pouvez en savoir davantage. Les Lowlanders lui donnent ordinairement le nom de sa terre de *Glen-*

(1) Fameux voleur que Fielding choisit pour le héros d'un de ses romans. — Éd.

(2) Monsieur. — Tr.

naquoich ; mais les Highlanders l'appellent *Vich Ian Vohr,* c'est-à-dire, *le fils de Jean-le-Grand* (1). Quant à nous, qui sommes ici sur le revers de la montagne, nous lui donnons indistinctement l'un ou l'autre de ces noms.

— Je crains bien de ne jamais pouvoir forcer ma langue anglaise à lui donner l'un ou l'autre.

— Fergus est un homme bien fait et bien élevé, ajouta miss Rose ; sa sœur Flora est une jeune personne accomplie en talens comme en beauté ; elle a été élevée en France dans un couvent ; elle était mon amie intime avant cette malheureuse dispute. Cher capitaine Waverley, tâchez d'engager mon père à terminer cette affaire à l'amiable. Je suis bien assurée que nous n'a-

(1) Les différens *surnoms* des Highlanders sont en général très-peu nombreux, parce qu'ils sont divisés en grandes *familles* ; et, quand un étranger, ce qui était rare, entrait dans un clan par mariage, il prenait le nom du clan. Les noms de baptême étant communs à tous, il y avait un grand nombre de Duncan, de Donald, d'Alexandre, de Patrick, etc. Il fallait donc distinguer d'une autre manière les individus, ce qui se faisait en ajoutant à leur nom celui de leur père avec son sobriquet, qui désignait le plus souvent la couleur de sa chevelure. Quand le nom du père ne suffisait pas, on ajoutait celui du grand'père, et puis celui du bisaïeul, etc. Ainsi, un individu du clan de Grant, Donald Grant, avait pour noms patronymiques Donald Bane (Donald-le-Blond) Mac-Oil-Vane (fils de Donald aux cheveux gris) Vic-Oi-Roy (petit-fils de Donald aux cheveux roux) Vic Ian (arrière-petit-fils de Jean). Mais, si ce Jean avait été un chef, et que Donald fût descendu de Jean en ligne directe et masculine, il s'appelait tout simplement Mac Ian, fils de Jean, ou Vic Ian, petit-fils de Jean, en supprimant tous les noms intermédiaires, et c'était une qualification de dignité. — Ainsi Fergus s'appelle Vic Ian Vohr, petit-fils de Jean Vohr. La même coutume existait chez les Juifs et, en général, chez les peuples d'Orient. — Éd.

vons encore vu que le commencement de nos embarras. Tully-Veolan n'a jamais été un séjour paisible ou sûr, tant que nous avons été en querelle avec les Highlanders. J'étais à peine dans ma dixième année, lorsqu'il y eut un combat derrière la ferme, entre une vingtaine de ces hommes et mon père avec ses domestiques. Plusieurs balles vinrent briser les carreaux des fenêtres du côté du nord, tant les combattans étaient près de nous. Trois de ces montagnards furent tués : leurs camarades les enveloppèrent dans leurs plaids, et les déposèrent sur le pavé de la grande salle. Le lendemain leurs femmes et leurs filles arrivèrent, se tordant les mains, pleurant et chantant le coronach (1); elles emportèrent les cadavres, précédées par les joueurs de cornemuse. Il me fut impossible de dormir pendant plus de six semaines ; mes oreilles étaient continuellement frappées de ces cris douloureux : j'avais toujours devant les yeux ces cadavres raides et enveloppés dans leurs *tartans* (2) sanglans. Depuis ce temps, un détachement de la garnison du château de Stirling vint avec un warrant du lord justice-clerk (3), ou d'un grand dignitaire semblable,

(1) Chant funèbre, particulier aux Highlands. *Voyez* dans la *Dame du Lac* le *coronach* de Duncan. — Éd.

(2) Le plaid, ou tartan, est aussi le nom de l'étoffe du costume highlandais. Disons, en passant, que tartan dérive du français tiretaine ; d'autant mieux que les premiers tartans qui furent introduits en Écosse, provenaient des manufactures françaises, à une époque où il n'y avait de manufacture d'aucun genre en Écosse. — Éd.

(3) Le *lord justice-clerk* est le second magistrat *de nom*, et le premier *de fait*, à la cour suprême de justice criminelle d'Écosse (*court of justiciary*), qui se compose du *lord justice-general* (qui n'est que nominal), du *lord justice-clerk* (ou lord juge en second), et de cinq lords commissaires. — Éd.

pour nous enlever toutes nos armes : comment pourrions-nous repousser maintenant les montagnards s'ils venaient encore nous attaquer en force ?

Waverley ne put s'empêcher de tressaillir en entendant le récit d'événemens qui avaient tant de rapport avec ceux qui l'occupaient dans ses rêveries. Il voyait devant lui une jeune fille, à peine âgée de dix-sept ans, charmante par l'alliance de la beauté et de la douceur, qui avait déjà été témoin de scènes plus extraordinaires que celles que son imagination avait pu évoquer en recourant aux âges reculés. Il sentit dès ce moment l'aiguillon de la curiosité, qu'un peu de péril rendait encore plus piquant. Il aurait pu dire avec Malvolio (1) :

— Non, on ne m'accusera plus d'être fou et de me laisser tromper par mon imagination : — me voilà dans le pays des aventures militaires et romanesques ; il ne me manque pour les bien connaître que d'y prendre part. —

Tout ce qu'on venait d'apprendre à Waverley sur les mœurs, les usages et les coutumes du pays où il se trouvait, lui paraissait aussi nouveau qu'extraordinaire. Il avait bien entendu parler de voleurs montagnards ; mais il n'avait pas la moindre idée du système réglé de leurs déprédations. Il n'avait jamais soupçonné qu'ils eussent pour complices et pour approbateurs de leur conduite leurs propres chefs, qui trouvaient dans ces *creaghs* ou *forays* (2) la facilité d'habituer leurs vassaux au maniement des armes, et de se faire craindre de tous leurs voisins des basses terres, pour en exiger

(1) Personnage comique de Shakspeare. — Éd.

(2) *Foray* signifie, comme *creagh*, pillage, excursion pour piller. — Éd.

en même temps, un certain tribut comme *taxe de protection*.

Le bailli Macwheeble, qui venait d'arriver, entra dans de plus amples détails sur cette matière. La conversation du digne bailli se ressentait tellement de la profession qu'il exerçait, qu'il fit dire un jour à Gellatley que ses discours ressemblaient à un *ordre de payer*(1). Il certifia à notre héros que de temps immémorial « tous « ces voleurs illégaux, coquins et bandits des Highlands, « avaient fait une association commune, en raison de « leurs surnoms, pour commettre les divers vols, larcins, « et pillages, sur les honnêtes habitans du bas pays, où « ils enlevaient non-seulement leur avoir en argent, « blé, bestiaux, chevaux, bœufs et vaches, troupeaux « et mobilier, etc.; mais encore faisant des prisonniers, « rançonnant, concussionnant, exigeant des cautions; « et lesquelles violences sont directement prohibées dans « divers articles du Livre des Statuts, par l'acte de 1567 « et autres actes à l'appui. Lesquels statuts, avec « tout ce qui y a rapport, ont été honteusement violés « et vilipendés par lesdits maraudeurs, voleurs, et « bandits associés pour lesdites entreprises de vols,

---

(1) *To a charge of horning* signifie littéralement : un ordre de payer, sous peine d'être proclamé rebelle à son de trompe; d'où vient cette autre phrase écossaise : *To be put to the horn*, être condamné au cor, être déclaré rebelle. Un ordre de payer, a *letter*, ou *a charge of horning*, est une lettre revêtue du sceau du roi, émise par la cour des sessions (cour de justice suprême d'Ecosse), et confiée à un messager d'armes, qui est requis de commander au débiteur de payer la dette pour laquelle il est poursuivi, dans un temps limité, sous peine d'être regardé comme *rebelle*. Telle est la définition de l'avocat Erskine. Le temps a apporté quelque changement dans cette partie de la procédure écossaise. —Ed.

« pillages, incendies, meurtres, *raptus mulierum*, ou en-
« lèvement forcé des femmes, et autres méfaits ci-dessus
« désignés (1). »

Tout ce que Waverley venait d'entendre lui paraissait un songe ; il ne pouvait concevoir que ces actes de violence fussent si fréquens qu'on en parlât comme d'une chose ordinaire : et que, pour voir les lieux où ces scènes d'horreur se passaient, il n'était pas nécessaire de traverser les mers, mais qu'il suffisait de faire quelques milles dans une partie de l'île, ailleurs si bien policée, de la Grande-Bretagne.

(1) L'auteur, pour justifier l'expression de Davie Gellatley, met ici dans la bouche du bailli le texte d'une proclamation contre les Highlanders. Il a été difficile au traducteur de rendre littéralement tous les termes de lois avec lesquels le bailli est si familier. — Éd.

CHAPITRE XVI.

Arrivée inattendue d'un allié.

Le baron rentra à l'heure du dîner; il avait presque entièrement recouvré le calme et sa bonne humeur. Non-seulement il confirma la vérité de tous les récits que Rose et le bailli avaient faits à Édouard, mais il y ajouta, d'après sa propre expérience, plusieurs anecdotes sur l'état des montagnes et de leurs habitans. Il déclara qu'en général les chefs étaient de haute naissance et pleins d'honneur; que leur moindre parole était une loi pour tous les hommes de leur lignée ou clan. — Il ne leur convient cependant pas de prétendre, comme on l'avait vu naguère, que leur *prosapia* ou lignage, constaté surtout par les vaines et partiales ballades de leurs *Sennachies* ou *Bardes,* puisse être mis en parallèle avec l'évidence des anciennes chartes et des édits royaux octroyés aux nobles maisons du bas pays, par divers monarques d'Écosse. Eh bien! telle est leur *outrecuidance* et leur présomption, qu'ils osent rabaisser ceux qui possèdent de tels titres, comme s'ils avaient toute leur propriété dans une *peau de mouton* (1).

Cette remarque expliqua à Waverley les causes de la querelle du baron avec son ancien allié des Highlands. M. Bradwardine entra dans des détails très-curieux et très-intéressans sur les mœurs, sur les coutumes et sur les usages de cette race patriarcale. Aussi la curiosité d'Édouard s'enflammant, il s'empressa de demander au baron s'il ne serait pas possible d'aller faire sans danger une excursion dans les Highlands voisins, dont les hautes et sombres barrières avaient déjà fait naître en lui le désir de pénétrer plus avant dans les montagnes. Le baron répondit à son hôte que rien ne serait plus facile, pourvu que sa querelle fût terminée, parcequ'il lui donnerait alors lui-même des lettres de recommandation pour les principaux chefs, qui s'empresseraient de le recevoir avec courtoisie et hospitalité.

Ils s'entretenaient encore sur ce sujet, lorsque Saunderson ouvrit la porte; et, introduit par lui, entra un Highlander complètement armé et équipé. Si, dans cette occasion, Saunderson n'avait pas rempli gravement les fonctions de grand-maître des cérémonies, et surtout si le baron et Rose n'étaient pas restés calmes, Waverley aurait cru voir paraître un ennemi; mais il ne put s'empêcher de tressaillir, parce que c'était la première fois qu'il voyait un montagnard écossais dans son costume

---

(1) Allusion aux *parchemins* des titres de noblesse. — Éd.

national. Ce Gaël (1) était d'une taille moyenne, et d'un teint brun; son plaid, arrangé avec art, faisait encore mieux ressortir ses formes robustes. Le *kilt* ou jupon laissait à découvert ses jambes nerveuses. Sa *bourse* en peau de bouc pendait à sa ceinture avec son *dirk* ou poignard d'un côté et un pistolet de l'autre. Sa toque était surmontée d'une plume courte qui indiquait ses prétentions à être traité comme un *Duinhewassel,* espèce de gentilhomme. Sa large épée battait sur sa cuisse; une *targe* ou bouclier pendait sur son épaule, il tenait d'une main un long fusil de chasse espagnol, de l'autre il ôta sa toque (2). Le baron, habitué à ces sortes de visites, lui adressa la parole d'un air plein de dignité, mais sans quitter son siège, et aux yeux d'Édouard il avait l'air d'un souverain qui recevait un ambassadeur. — Soyez le bienvenu, Evan Dhu Mac-Combich : quelles nouvelles m'apportez-vous de Fergus Mac-Ivor Vich Ian Vohr ?

(1) *Gaël* est le nom que les anciens Calédoniens, Scots, ou Highlanders, se donnent eux-mêmes dans leur dialecte, qui est le *gaélique. Gaël* signifie, dit-on, étranger, soit que les habitans de la Calédonie eussent émigré de l'orient, soit qu'ils fussent venus seulement des Gaules. *Celte* est encore un synonyme de Gaël; car les Gaëls sont d'origine celtique. — Éd.

(2) L'auteur vient de décrire ici les parties principales de l'équipement d'un Highlander. Il nous reste à ajouter, pour l'instruction de nos peintres, que la toque est constamment bleue avec une bande bariolée seulement. Le *kilt*, ou jupon, s'appelle aussi *philibeg, filibeg;* la bourse, *purse* ou *pouch.* Le *dirk*, ou dague, est une épée très-dangereuse, dont la lame est droite et d'un pied de long, avec un manche très-simple, ressemblant à celui d'une faucille. La large épée est aussi nommée claymore ou glaymore. — *Claidham,* en gaélique, signifie glaive, et *more,* grand, large, *claidhammore.* — Éd.

— Fergus Mac-Ivor Vich Ian Vohr, répondit l'ambassadeur en bon anglais, présente ses civilités au baron de Bradwardine de Tully-Veolan. Il est fâché de l'épais nuage élevé entre vous et lui, nuage qui vous a empêché de voir et considérer l'ancienne amitié qui unissait vos deux familles. Il demande que ce nuage se dissipe, que les communications se rétablissent entre le clan Ivor et la maison de Bradwardine, comme du temps où un œuf était la seule pierre placée entre vous et lui, et où le couteau de table était votre unique défense; il espère que vous direz comme lui que vous êtes fâché de ce nuage, et désormais personne ne demandera si le nuage est monté de la plaine à la montagne, ou descendu de la montagne à la plaine; car ceux-là ne frappent jamais avec le fourreau qui n'ont jamais reçu avec l'épée (1); et malheur à qui perd sans regret son ami à cause du nuage d'une matinée de printemps.

Le baron de Bradwardine répondit à cette harangue avec toute la dignité que les circonstances exigeaient.
— Je sais, dit-il, que le chef du clan Ivor est un véritable ami du *Roi*, et je suis fâché que le plus léger nuage ait existé entre lui et un gentilhomme professant de si bons principes, parce que, lorsque les hommes serrent leurs rangs, faible est celui qui n'a pas de frère.

Il paraissait convenable de solenniser le rétablissement de la paix entre les deux augustes personnages; le baron fit apporter un flacon d'usquebaugh dont il remplit un verre pour boire à la santé et à la prospé-

---

(1) Le sens de cette phrase un peu métaphorique est sans doute celui-ci : Il faut n'avoir jamais frappé même avec le fourreau pour n'avoir pas été touché avec l'épée.—Éd.

rité de Mac-Ivor de Glennaquoich. L'ambassadeur celte s'empressa de répondre à cette marque de courtoisie; il remplit à son tour un verre de cette liqueur généreuse, et le vida en faisant des souhaits pour la famille de Bradwardine.

Après cette ratification des préliminaires du traité de paix, le plénipotentiaire se retira pour conférer avec Macwheeble sur certains articles secondaires dont il était inutile d'ennuyer le baron. Il est probable qu'ils avaient rapport à l'interruption du paiement des subsides, et que le bailli vint à bout de tout terminer sans que son maître pût avoir le moindre soupçon que sa dignité était compromise. Du moins est-il certain qu'après que les plénipotentiaires eurent bu une bouteille d'eau-de-vie, qui ne fit pas plus d'effet sur deux corps aussi bien préparés, qu'elle n'en aurait fait sur les *deux ours* placés sur la porte de l'avenue, Evan Dhu Mac-Combich se fit rendre compte de toutes les circonstances concernant le vol de la nuit précédente, et promit de donner de suite des ordres pour retrouver les vaches qui, disait-il, ne devaient pas encore être bien loin. — Ils ont cassé l'os, ajouta-t-il, mais ils n'ont pas eu le temps d'en sucer la moelle.

Notre héros, qui avait suivi Evan Dhu dans ses perquisitions, fut tout étonné de la franchise avec laquelle il prenait des informations, et de l'heureux résultat qu'il s'en promettait. Evan Dhu, de son côté, se trouva très-flatté de l'intérêt avec lequel Waverley l'avait écouté, et du désir qu'il témoignait de connaître les mœurs et les sites des Highlands. Sans autre cérémonie, il invita Édouard à l'accompagner dans une petite promenade de douze à quinze milles dans les montagnes, pour reconnaître l'endroit où sans doute les vaches avaient été conduites. Il ajouta : — Je suis persuadé que depuis que vous êtes au monde vous n'avez pas vû d'endroit semblable, et que vous n'en verrez jamais, si vous ne venez avec moi ou un des nôtres.

Notre héros sentit sa curiosité enflammée par l'idée de visiter l'antre d'un Cacus des Highlands; cependant il ne négligea pas de s'informer s'il pouvait se fier à son guide. Le baron lui dit qu'on ne lui aurait pas fait cette invitation s'il y avait eu le moindre danger à courir, qu'il n'avait rien autre chose à craindre qu'un peu de fatigue; et comme Evan lui proposait de s'arrêter aussi, en revenant, chez son chef, où il était sûr d'être bien accueilli et bien traité, ce voyage n'avait rien de bien redoutable; Rose, il est vrai, devint pâle quand elle en entendit parler; mais son père, qui aimait la vivacité et la curiosité de son jeune ami, se garda bien de le refroidir en lui parlant de dangers qui n'existaient réellement pas. On remplit un havre-sac de tout ce qui était nécessaire pour cette courte expédition; une espèce de sous-garde-chasse le porta sur ses épaules, et notre héros, un fusil de chasse à la main, se mit en route avec son nouvel ami Evan Dhu; ils étaient suivis du garde-chasse dont nous venons de parler, et de deux autres montagnards qui servaient de domestiques à Evan : l'un d'eux portait une longue carabine, et l'autre un fer de cognée au bout d'une perche; c'était ce qu'on appelait une hache d'armes du Lochaber (1).

Evan s'empressa d'informer Édouard que cette escorte militaire lui était tout-à-fait inutile pour la sûreté de sa

---

(1) On voit plusieurs de ces haches d'armes à l'arsenal de la tour de Londres ; l'aspect seul en est effrayant. — Éd.

personne; mais, ajouta-t-il en ajustant son plaid avec dignité, je devais me montrer convenablement à Tully-Veolan et en digne frère de lait (1) de Vich Ian Vohr. Ah! je voudrais que vos gentilshommes anglais (*duinhe-wassel Saxons*) vissent notre chef avec sa queue (2)!

— Avec sa queue! répéta Édouard d'un ton de surprise.

— Oui.... avec sa suite ordinaire quand il visite un chef de son rang. Il y a, continua-t-il en s'arrêtant et se redressant d'un air de fierté, pendant qu'il comptait sur ses doigts les divers officiers de la maison de son chef : — il y a son Hanchman, l'homme de sa droite (3); son Barde (4) ou poète; son Bladier ou orateur pour haranguer les personnages auxquels il rend visite; son Gillymore (5) ou écuyer chargé de porter son épée, sa target et son fusil; il y a son Gilly-casfliuch, qui le met sur son dos quand il faut traverser les ruisseaux et les torrens; son Gilly-comstrain, qui conduit son cheval par la bride dans les sentiers difficiles et escarpés; son Gilly-

---

(1) L'importance du frère de lait dans la maison du chef était très-grande, et grande aussi l'importance du père nourricier et des frères et sœurs de lait. — Éd.

(2) *With his tail on.* — Éd.

(3) Le *Hanch-man* est une espèce de secrétaire qui suit son chef comme son ombre, et se tient à sa *hanche* à table, prêt à exécuter tous ses ordres. Cette fonction est quelquefois le partage du frère de lait. — Éd.

(4) Le barde est le généalogiste de la famille, quelquefois le précepteur du jeune laird, chargé de composer des chants de gloire, enfin le poète lauréat du clan. — Éd.

(5) Le mot *gilly* signifie un page, un valet, et *more*, grand. Cet adjectif ennoblit ici le mot entier *gilly-more*. Les autres officiers sont suffisamment définis par le texte. — Éd.

Trushharnish, à qui est confié son havre-sac; ensuite son Piper, joueur de cornemuse, et le Gilly du joueur de cornemuse (1). Il y a enfin de plus une douzaine de jeunes gens qui n'ont rien à faire qu'à suivre le laird et à se tenir toujours prêts à exécuter les ordres de Son Honneur.

— Est-ce que votre chef entretient régulièrement tout ce monde?

— Tout ce monde, dites-vous? oui, et mainte autre tête qui ne saurait où s'abriter sans la grande grange de Glennaquoich!

Chemin faisant, Evan fit paraître la route moins longue, en continuant à parler de la magnificence et de la grandeur du chef, en temps de paix comme en temps de guerre, jusqu'à ce qu'ils fussent plus près de ces immenses montagnes qu'Édouard n'avait fait qu'apercevoir de loin (2). La nuit s'approchait, lorsqu'ils entrè-

(1) Le *piper*, qui se disait gentilhomme, ne portait pas lui-même son instrument, et s'en débarrassait dès qu'il en avait joué : il avait donc un page, un *gilly*, pour porter la cornemuse (*bagpiper*). — Éd.

(2) En pénétrant pour la première fois dans les monts Grampiens, le lecteur ne sera pas fâché de connaître d'une manière générale la nature de ces montagnes, dont quelques-unes, telles que le Benlomond, le Bennevis, etc., offrent, grace à sir Walter Scott, le même intérêt que les monts géants de la Suisse. Si nous nous plaçons d'abord sur leurs sommets, généralement de forme conique, la vue domine un panorama magnifique et sauvage. Ces sommets sont quelquefois voilés par des nuages sombres; quelquefois, avec un ciel d'azur, on n'aperçoit sur leur extrême crête qu'une évaporation légère, semblable à un panache bleu ou blanchâtre; quelquefois des groupes de nuages blancs s'y arrêtent, et figurent assez bien d'immenses glaciers. Ces sommets sont généralement arides, et la foudre y a tracé de longs sillons qui descendent jus-

rent dans un de ces défilés effrayans qui servent de communication entre la montagne et la plaine; le sentier, extrêmement rapide et escarpé, se dirigeait en tournant entre deux énormes rochers, et suivait le passage qu'un torrent écumeux, qui grondait plus bas, s'était creusé depuis des siècles. Les derniers rayons du soleil couchant allèrent tomber sur les flots dans leur sombre lit, et en firent distinguer les détours et les chutes multipliées par l'inégalité du sol. L'espace qui séparait les voyageurs du torrent était un véritable précipice. On apercevait çà et là quelques pointes de granit, dans les fentes desquelles quelques arbres avaient pris racine. A main droite, ces rocs, qui s'élevaient perpendiculairement, n'étaient pas moins inaccessibles; mais les sommets de ceux qui étaient de l'autre côté du torrent étaient couverts d'épais taillis du milieu desquels croissaient quelques pins.

—C'est ici, dit Evan, le défilé du Bally-Brough. Dans les temps reculés, dix montagnards du clan de Donnochie repoussèrent un corps de cent hommes des basses

qu'à la base. La végétation ne commence réellement qu'au tiers de ces immenses cônes, et ce n'est d'abord qu'une végétation de petites bruyères, où habitent le ptarmigan (*lagopede*), le lièvre blanc (*lepus variabilis*), et les oiseaux de proie. Au second tiers, la bruyère est plus riche, et il s'est formé une terre végétale qui donne une espèce de pâturage. Le montagnard y conduit ses troupeaux, et même le gros bétail : nous y avons vu entre autres des bœufs noirs qui ont quelque analogie avec la race des bœufs du Delta du Rhône. On trouve là encore des troupeaux de petits chevaux sauvages blancs; et le chasseur y poursuit la grouse et le chevreuil. A la base de ces montagnes, les torrens tombent en cascades, alimentent souvent un lac limpide, ou arrosent des taillis touffus et la verdure d'un *glen* ou d'un *strath*. Ces vallons (*straths* ou *glens*) peuvent être semés de grains ou nourrir de nombreux troupeaux, etc.—Éd.

terres; on distingue encore l'endroit où furent enterrés les morts : c'est dans ce petit *corrie* ou enfoncement qui est de l'autre côté de l'eau; si vous avez bonne vue, vous pourrez apercevoir comme des taches vertes sur la bruyère. Tenez, regardez, voilà un *Earn* (1), à qui vos gens du midi donnent le nom d'aigle.... Vous n'en avez pas de cette espèce en Angleterre.... Il va chercher son souper dans les domaines de Bradwardine : je veux lui envoyer un lingot de plomb.

Il tira un coup de fusil, mais il manqua le superbe monarque des tribus ailées, qui, sans témoigner la moindre frayeur, continua tranquillement son vol vers le sud.

Un millier d'oiseaux de proie, faucons, éperviers, grands-ducs, corbeaux, etc., effrayés par l'explosion que les échos répétaient au loin, quittèrent brusquement la retraite qu'ils avaient choisie pour y passer la nuit, et remplirent les airs de cris rauques que l'écho renvoyait mêlés au mugissement des torrens. Evan, un peu confus d'avoir inutilement déchargé son fusil au lieu de donner une preuve de son adresse, se mit à siffler un pibroch (2) en rechargeant son arme sans s'arrêter.

Ils arrivèrent à un glen étroit entre deux montagnes très-élevées et couvertes de bruyères; ils avaient tou-

(1) *Earn* ou *erne*, aigle brun, *falco fulvus*. Les plumes de cet oiseau-roi ornent la toque des chefs. Il était si funeste aux troupeaux, que ses œufs furent mis à prix d'argent. Depuis quelques années, l'aigle devient de plus en plus rare en Écosse. — Éd.

(2) Air particulier à la musique des Highlands, et qui abondent en variations pour exprimer, à ce que prétendent les Écossais, tous les sentimens de l'ame. — Éd.

jours le torrent pour compagnon, et ils furent obligés de le traverser quelquefois dans ses détours. Evan offrait alors le secours de ses domestiques à Édouard, pour le porter sur leurs épaules, mais notre héros, qui avait toujours été assez bon piéton, refusa chaque fois son offre. Il voulait d'ailleurs, sans affectation, faire revenir Evan de son opinion sur les habitans des basses terres, et particulièrement sur les Anglais, qu'il regardait comme des efféminés.

A travers la gorge de ce glen, ils parvinrent jusqu'à une fondrière d'une étendue effrayante, et entrecoupée de nombreuses crevasses qu'on ne pouvait franchir, avec beaucoup de fatigue et de danger, que par des sentiers praticables pour les seuls montagnards. Ces sentiers, ou plutôt la portion de terre un peu plus solide où tantôt ils marchaient de pied ferme, et que tantôt ils passaient à gué, n'offraient qu'un espace sillonné de flaques d'eau ou de marécages peu sûrs. Quelquefois même ils étaient obligés de se laisser glisser sur leurs pieds, ou de s'accrocher aux pointes des rochers. Ce n'était qu'un jeu pour les Highlanders qui avaient un pas vraiment élastique, et qui portaient des brogues (1) à semelles minces, appropriés à de tels chemins ; mais il n'en était pas de même pour Édouard, que cet exercice inaccoutumé fatigua beaucoup plus qu'il ne s'y était attendu.

Un long crépuscule les éclairait à travers ces fondrières serboniennes (2), mais il les abandonna presque

---

(1) Ces chaussures des Highlands sont taillées à la mesure du pied sur la peau de vache non tannée avec le poil en dehors ; le bas de la jambe est couvert d'un demi-bas blanc avec des bandes rouges entrelacées, figurant les bandes du cothurne romain. — Éd.

(2) Le Serbonis Palus des anciens est au couchant de Damiette,

au pied d'une montagne escarpée et pierreuse qu'il leur restait à gravir; la nuit n'était pas cependant très-profonde, et le temps était assez agréable. Waverley appela à son secours son énergie morale pour supporter la fatigue, et continua à marcher d'un pied ferme; mais il enviait en secret la vigueur de ces adroits montagnards, qui ne donnaient pas le moindre signe de lassitude, et marchaient toujours avec le même pas ou plutôt le même trot. Selon son calcul, ils avaient déjà fait environ quinze milles. Le revers de la montagne qu'ils venaient de franchir était couvert d'arbres touffus. Là, Evan-Dhu s'entretint à part avec ses deux satellites highlanders. Le résultat de cette conférence fut que le bagage d'Édouard passa des épaules du garde-chasse sur celles d'un des Gillies, et le garde-chasse partit dans une direction tout-à-fait opposée à celle que suivaient les trois autres voyageurs. Waverley demanda le motif de cette séparation : Evan lui répondit que le garde-chasse se rendait à un hameau éloigné d'environ trois milles pour y passer la nuit,—car, à moins que ce ne fût un ami très-particulier, Donald Bean Lean, le digne montagnard qu'on supposait le détenteur du bétail, ne se soucierait pas que des étrangers s'approchassent de sa retraite. Cette raison semblait juste, et elle suffit pour bannir de l'esprit d'Édouard quelques soupçons qu'il n'avait pu s'empêcher de concevoir en se voyant à une telle heure et dans un tel lieu séparé de son seul compagnon des basses terres. Evan ajouta immédiatement : — Je crois que je ferais bien d'aller moi-même annoncer notre vi-

c'est aujourd'hui le lac Tenese. On appelait aussi Serbiens ou Serboniens un peuple qui habitait le voisinage des *Palus Meotides*, ou mer d'Azof. — Éd.

site, car un sidier roy (un soldat rouge) (1) pourrait causer une surprise désagréable à Donald Bean Lean. Sans attendre de réponse, il partit en trottant (style de course aux chevaux), et disparut en un moment.

Waverley fut laissé à ses réflexions, parce que son nouveau guide, celui qui était armé de la hache d'armes, savait à peine quelques mots d'anglais. Ils traversaient un bois de pins très-épais, et, par conséquent, il était impossible, dans l'obscurité, de distinguer les traces du chemin ; mais le Highlander paraissait les trouver par instinct, et marchait très-rapidement ; Édouard le suivait d'aussi près qu'il pouvait.

Après un assez long silence, il ne put s'empêcher de demander s'ils arriveraient bientôt.

La caverne était à trois ou quatre milles de là ; mais le Duinhe-Wassel étant un peu fatigué, Donald pourrait envoyer... il enverrait le *curragh*.

Cette réponse n'apprenait pas grand'chose à Édouard. Que serait ce curragh ? un cheval ? une charrette ? une chaise de poste ? Il eut beau réitérer ses questions, il n'obtint pas d'autre réponse que : — *Oui ! oui ! ta curragh.*

Édouard commença à le comprendre à la sortie du bois, en se trouvant sur les bords d'une large rivière ou lac (2). Là son conducteur lui donna à entendre qu'ils devaient s'asseoir et attendre quelque temps. La lune, qui se levait alors, lui découvrit la vaste étendue d'eau

---

(1) Désignant un soldat ou un officier anglais, à cause de son uniforme. Ce nom contraste avec celui de *black watch*, troupes noires, donné aux montagnards indépendans enrégimentés. — Éd.

(2) Il est difficile de distinguer au premier abord, entre les sinuosités des monts, un lac d'Écosse d'une rivière. — Éd.

qui était devant lui, et les formes fantastiques et confuses des montagnes qui paraissaient l'environner. Il respirait avec délices un air pur et frais, embaumé par les fleurs du bouleau ; et cette halte rétablit peu à peu ses forces après tant de fatigues.

Il eut le temps de réfléchir long-temps à sa position tout-à-fait romanesque, sur les bords d'un lac inconnu, sous la direction d'un sauvage dont il n'entendait presque pas la langue. Il avait entrepris ce voyage pour le plaisir de visiter la caverne de quelque fameux outlaw (1), un Robin Hood peut-être, ou un Adam de Gordon (2) ; la nuit était déjà avancée, son domestique avait été séparé de lui, son guide l'avait laissé ; que de circonstances propres à exercer une imagination naturellement romanesque, y compris l'incertitude où il devait être sur sa position réelle, qui peut-être n'était pas exempte de danger. Ce qui cadrait mal avec le reste était le motif de son voyage, — les vaches du baron ! cet incident peu héroïque fut rejeté par Édouard dans l'arrière-plan du tableau.

Pendant qu'il s'égarait ainsi en imagination, son compagnon lui frappa doucement sur l'épaule ; et, lui faisant signe du doigt dans une direction en ligne droite à travers le lac, il lui dit : — *Yon's ta cove*, — Voilà la caverne.

(1) *Outlaw*, *hors la loi*, voleur, bandit, etc., etc. Ce mot désigne surtout ce peuple de proscrits qui refusaient de se soumettre aux lois du pays, ou à celles des conquérans dans les pays de populations mêlées. Il est difficile de le traduire sans en dénaturer le sens. — Éd.

(2) La célébrité de ces deux héros est fondée sur les traditions et les ballades populaires : l'histoire les désigne seulement comme des proscrits, des *outlaws*, etc. — Éd.

Édouard aperçut dans le lointain une faible lumière qui peu à peu augmenta en éclat et en volume, et parut glisser comme un météore sur l'horizon : pendant qu'il regardait ce phénomène, il crut distinguer le bruit des rames ; ce bruit augmenta de minute en minute, et il entendit en même temps un coup de sifflet très-perçant, auquel son ami de la hache d'armes répondit. Bientôt une barque, dans laquelle ramaient cinq ou six Highlanders, s'approcha de l'endroit où était assis Édouard ; il se leva avec son compagnon pour aller à leur rencontre. Deux vigoureux montagnards le prirent dans leurs bras, et le portèrent dans la barque, qui ne tarda pas à s'éloigner avec la plus grande rapidité, lorsqu'ils eurent repris leurs rames (1).

(1) Aujourd'hui que d'élégantes nacelles et même le bateau à vapeur parcourent les lacs d'Ecosse, on est près d'oublier jusqu'à la forme du *courrach* ou *curragh* des anciens Highlanders. Cette espèce de voiture nautique est ainsi décrite par Solinus (grammairien du troisième siècle), qui dit en parlant des Irlandais de son temps : — *Navigant vimineis alveis quos circumdant ambitione tergorum bubulorum*. — C'était en effet un *vaisseau ovale*, qui avait environ trois pieds de large sur quatre de long. Un bois flexible en fixait la charpente grossière qui était recouverte d'une peau de bœuf. Ce léger esquif pouvait être transporté d'un lac à l'autre sur les épaules du batelier, ou à dos de cheval, si elle était de plus grande dimension. *Courrach*, en gaëlique, signifie écorce d'arbre. On voit qu'il y avait la plus grande analogie entre le *courrach* des Gaëls et la pirogue des sauvages d'Amérique. — Éd.

CHAPITRE XVII.

La demeure d'un voleur des Highlands.

Le profond silence qui régnait dans la barque n'était interrompu, de temps à autre, que par le refrain d'une chanson gaëlique que l'homme placé au gouvernail chantait à voix basse, comme pour régler le mouvement des rames, qui frappaient en cadence la surface de l'eau. La lumière, dont on approchait de plus en plus, présentait un foyer beaucoup plus vaste, et donnait une clarté beaucoup plus vive; on reconnaissait qu'elle provenait d'un grand feu; mais Édouard ne pouvait discerner s'il était allumé sur une île ou sur la terre ferme. En voyant la réverbération de cette masse de lumière au milieu des flots, il crut voir le char de feu dont se sert le génie du mal d'un conte arabe pour traverser la vaste étendue des mers. La lumière suffit enfin pour lui montrer, d'une manière très-distincte, que ce feu était placé contre un roc escarpé qui s'élevait immédiatement sur l'extrême bord de l'eau. Le front de ce roc, que la réverbération de la flamme colorait d'un rouge sombre, formait un contraste étrange, et même sublime, avec le reste du rivage momentanément éclairé par les pâles rayons de la lune.

La barque touchait au bord, et Waverley vit que ce feu était entretenu avec des branches résineuses de pin par deux hommes qui, dans les reflets de la lumière, ressemblaient à deux démons. Il conjectura avec raison que c'était pour servir de phare aux bateliers que ce feu avait été allumé à l'entrée d'une haute caverne où le lac semblait pénétrer. Les montagnards dirigèrent leur esquif en droite ligne vers cette caverne; et puis, serrant leurs rames, ils s'abandonnèrent à la dernière impulsion qu'ils avaient donnée. La barque doubla la pointe ou la plate-forme du rocher où était allumé le feu; et, après avoir parcouru deux fois sa longueur, elle s'arrêta à l'endroit où la caverne, formant supérieurement une arcade, s'élevait au-dessus du lac par cinq ou six larges fragmens de roc superposés d'une manière si régulière, qu'on aurait pu les prendre pour les marches d'un escalier. En ce moment, une quantité d'eau fut jetée soudain sur le feu, qui s'affaissa avec un long sifflement, et la lumière disparut. Cinq ou six bras vigoureux enlevèrent Waverley de la barque, le mirent sur ses jambes, et l'entraînèrent en quelque sorte dans les entrailles de la caverne. Il fit quelques pas dans les plus profondes ténèbres; il entendait le bruit confus de plusieurs voix qui paraissait sortir du centre du rocher; puis ayant franchi un angle de ce souterrain, il eut devant ses yeux Donald Bean Lean et toute sa demeure.

L'intérieur de la caverne, très-élevée dans cet endroit, était éclairé par des torches de bois de pin, qui donnaient une lumière pétillante, accompagnée d'une épaisse fumée, dont l'odeur, quoique forte, n'avait rien de désagréable; à cette clarté se mêlait celle d'un large feu de charbon de bois, auprès duquel étaient assis cinq ou six Highlanders armés : plus loin, d'autres étaient couchés, enveloppés dans leurs manteaux. Dans un enfoncement du roc, que le voleur appelait facétieusement son *spence* (garde-manger), étaient pendues par les pieds la carcasse d'un mouton ou d'une brebis, et deux vaches récemment tuées. Le principal habitant de cette singulière demeure, accompagné de Evan Dhu, qui lui servait de maître des cérémonies, s'avança pour recevoir son hôte. La profession qu'il exerçait, les lieux déserts qu'il habitait, les figures sauvages et guerrières qui l'entouraient, tout était bien propre à inspirer la terreur. Aussi Waverley s'attendait-il à trouver un homme d'une stature gigantesque, d'un air féroce et dur qui aurait pu servir de modèle à Salvator pour placer au centre d'un de ses groupes de bandits.

Donald Bean Lean ne ressemblait en rien à ce portrait; il était mince et de petite taille; ses cheveux roux de sable et son visage pâle lui avaient fait donner le surnom de *Bean* ou *blanc*. Quoique son corps fût leste, bien proportionnné et actif, sa personne n'avait rien que de très-ordinaire. Il avait long-temps servi en France dans un grade inférieur. Pour recevoir notre voyageur en grand costume, et lui faire honneur, à ce qu'il croyait, il avait quitté ses habits de Highlander pour un vieil uniforme bleu-rouge et un chapeau à plumes; mais, loin d'être vu ainsi à son avantage, il avait quelque chose de si peu d'accord avec tout ce qui l'entourait, qu'Édouard en aurait ri s'il eût pu le faire sans manquer à la courtoisie et sans exposer sa sûreté. Il fut reçu avec les plus grandes démonstrations de politesse française et d'hospitalité écossaise. Son nom, sa famille, et les principes politiques de son oncle, semblaient très-bien connus de son nouvel hôte; celui-ci lui en fit ses complimens, auxquels Waverley ne répondit que d'une manière vague et insignifiante, comme la prudence l'exigeait.

Édouard s'était éloigné assez du feu pour n'être pas incommodé par la chaleur, que la saison rendait très-incommode, lorsqu'une grande fille highlandaise plaça devant lui, et devant Evan et Donald Bean, trois *cogues* ou vases en bois faits avec des douves cerclées et contenant de l'*eanaruich*, sorte de soupe avec un morceau particulier de l'intérieur du bœuf. Après ce premier service, qui, quoique très-grossier, fut trouvé excellent, graces à la fatigue du voyage, on servit à profusion des côtelettes rôties sur les charbons; elles disparaissaient avec tant de rapidité devant Donald et devant Evan, que Waverley étonné ne pouvait concilier leur voracité avec tout ce qu'il avait entendu dire de la sobriété des montagnards. Il ne savait pas que cette sobriété n'était qu'apparente et forcée chez ceux de la classe inférieure, et que, semblables à certains animaux de proie, ils savaient jeûner au besoin, se réservant de se dédommager dans l'occasion. Pour compléter le festin, le whisky fut servi en abondance; les Highlanders en burent beaucoup, et toujours pur. Édouard en mêla un peu avec de l'eau; mais, en ayant avalé quelques gouttes, il ne fut pas tenté de recommencer. Son hôte lui témoigna son extrême regret de ne pouvoir lui offrir du vin. — Si j'avais été prévenu de votre visite vingt-quatre heures plus tôt, dit-il, j'en aurais trouvé, fusse à quarante milles à la ronde; mais que peut faire de plus un gentilhomme qui reçoit la visite d'un autre, que de lui offrir tout ce qu'il a de meilleur dans sa maison? On ne doit par chercher des noisettes là où il n'y a pas de noisetiers, et il faut vivre comme ceux avec qui l'on se trouve.

S'adressant ensuite à Evan Dhu, il déplora la mort d'un vieillard nommé Donnacha an Amrigh ou Duncan du Bonnet, devin doué (*a gifted seer*) qui, par le moyen de la seconde vue (1), disait de suite si c'était un ami ou un espion qui était reçu dans une demeure.

— Son fils Malcolm n'est-il pas *Taishatr* (2) (un devin)? demanda Evan.

— Oh! il ne sera jamais l'égal de son père, reprit Donald : il nous prédit dernièrement que nous recevrions la visite d'un grand personnage voyageant à cheval, et nous ne vîmes personne, si ce n'est l'aveugle Shemus Beg, le joueur de harpe avec son chien. Une

---

(1) Le don de la *seconde vue* ébranla le scepticisme du docteur Johnson : c'est le don de voir les objets invisibles, de connaître l'avenir par des apparitions surnaturelles. Ce phénomène est-il un illuminisme naturel ou une double mystification, celle du voyant et celle de ceux qui le consultent? C'était un don héréditaire, surtout parmi les *Seers*, Voyans, de l'île de Sky. — Éd.

(2) Un *Voyant*. — Éd.

autre fois il nous annonça un mariage, et ce fut un enterrement. Dans un *creagh* d'où il nous avait assuré que nous ramènerions plus de cent bêtes à cornes, nous ne fîmes d'autre capture que celle d'un gros bailli de Perth.

La conversation tomba enfin sur les affaires politiques et militaires du pays. Waverley fut étonné et même très-alarmé de voir un homme comme Donald parfaitement instruit de la force des divers régimens en garnison au nord du Tay. Il connaissait exactement le nombre des recrues qui étaient venues avec Édouard. — Ce sont de *jolis garçons*, ajouta-t-il; et il ne voulait pas dire de beaux hommes, mais de braves soldats. Il rappela à Waverley trois ou quatre circonstances qui avaient eu lieu à une revue générale du régiment, et notre voyageur resta convaincu que son hôte en avait été témoin oculaire. Cependant Evan Dhu s'était retiré pour se reposer; Donald s'empressa de demander à Édouard, d'une manière tout-à-fait expressive, s'il n'avait rien de particulier à lui dire.

Waverley, surpris et un peu déconcerté par cette question inattendue, lui répondit que sa visite n'avait d'autre motif que la curiosité de voir une habitation aussi extraordinaire. Donald le regarda en face pendant quelques instans, et lui dit, avec une affectation très-marquée : — Vous auriez pu vous ouvrir à moi : je suis aussi digne de votre confiance que peut l'être le baron de Bradwardine, ou Vich Ian Vohr.... mais vous n'en êtes pas moins le bienvenu dans ma demeure.

Waverley ne put s'empêcher de frissonner en entendant le langage mystérieux de ce bandit hors la loi (1),

---

(1) *Outlawed*. Ici le mot est pris adjectivement, et nous l'avons traduit. — Éd.

et il n'eut pas assez de sang-froid pour lui demander le motif de ce qu'il venait de lui dire. Un lit de bruyère avait été préparé pour lui dans un des coins de la caverne; il se couvrit avec quelques vieux manteaux du mieux qu'il put, et examina pendant quelque temps les autres habitans de cet antre. Il vit à plusieurs reprises deux ou trois hommes entrer ou sortir, sans autre cérémonie que de dire quelques mots en gaëlique à l'outlaw principal, ou à un grand Highlander qui le remplaçait pendant qu'il dormait. Ceux qui étaient entrés paraissaient revenir d'une expédition dont ils rendirent compte; ils s'approchèrent sans façon des provisions, et se servirent de leurs dirks pour couper leurs rations de viande, qu'ils firent griller ensuite. La boisson n'était pas ainsi à leur entière disposition; elle était distribuée par Donald, par son lieutenant, ou par la grande fille highlandaise dont nous avons déjà parlé, la seule femme qu'il y eût dans cette habitation. Les doses de whisky auraient été surabondantes pour d'autres que pour des montagnards; mais l'habitude de vivre en plein air, et dans un climat humide, les rendait capables de boire une très-grande quantité de liqueurs fortes sans éprouver les terribles effets qu'elles produisent sur la santé ou sur la raison.

Peu à peu ces groupes mobiles disparurent aux yeux de notre héros, qui finit par s'endormir. Il ne s'éveilla que le lendemain, lorsque le soleil était déjà suspendu au-dessus du lac; cependant ses rayons ne portaient qu'une faible lumière dans l'intérieur de la caverne du roi (1): nom orgueilleux de la demeure de Donald Bean Lean.

(1) *Uaimh an Ri.*

CHAPITRE XVIII.

Waverley continue son voyage.

Lorsque Édouard eut recueilli ses idées, il fut surpris de trouver la caverne déserte. S'étant levé et ayant donné quelque soin à ses habits, il regarda avec plus d'attention ; mais tout était encore solitude autour de lui. Excepté les tisons convertis en cendres grises, et les débris du souper, qui consistaient en os à demi brûlés ou à demi rongés, et une ou deux kegs (1) vides, il ne restait aucune trace de Donald et de sa bande. Il sortit ; et, lorsqu'il fut à l'entrée de la caverne, il vit que la pointe du rocher où étaient encore les restes du feu de signal, était accessible par un étroit sentier ou natu-

(1) Petites coupes avec deux anses. — Éd.

rel ou grossièrement creusé par la main des hommes, le long du petit canal qui pénétrait à quelques toises dans la caverne, et où l'esquif de la veille était amarré comme dans un *dock* (ou bassin). Parvenu sur la plate-forme même, il n'aurait pu croire d'abord qu'il était impossible d'aller plus loin par terre, s'il n'eût été probable que les habitans de la caverne avaient une autre voie que les eaux ; il aperçut bientôt quelques gradins pratiqués dans le granit, qui lui servirent d'escalier pour grimper sur le sommet du roc ; ce ne fut pas sans peine qu'il descendit sur le revers et qu'en suivant une pente très-rapide, il arriva aux bords déserts d'un lac d'environ quatre milles de long sur un et demi de large, entouré de montagnes sauvages, couvertes de bruyères, sur la cime desquelles reposait encore le brouillard du matin.

En tournant la tête, Édouard admira avec quelle adresse on avait choisi ce lieu solitaire pour retraite. Le rocher sur les flancs duquel il avait tourné à l'aide d'inégalités presque imperceptibles, n'offrait qu'un précipice affreux de ce côté, qui fermait entièrement toute communication avec le rivage. Il était impossible, eu égard à la largeur du lac, d'apercevoir de l'autre bord cette caverne à gorge étroite et basse ; ainsi, à moins qu'on ne l'eût cherchée avec des barques, ou que quelqu'un n'eût trahi le secret, c'était une retraite où la garnison pouvait rester sans danger, tant qu'elle aurait des vivres. Après avoir satisfait sa curiosité, Édouard regarda de tous côtés, dans l'espoir de découvrir Evan Dhu et son domestique, qu'il jugeait ne pas devoir être très-éloignés, quelque parti qu'eût pris Donald et sa bande, que leur genre de vie forçait souvent à faire de soudaines émigrations. En effet, il aperçut à la distance d'environ un demi-mille un Highlander (c'était probablement Evan Dhu), occupé à pêcher à la ligne ; et à l'arme d'un autre individu qui était à côté de lui, il ne put douter que ce ne fût l'homme à la hache de Lochaber.

Plus près de l'entrée de la caverne, il entendit les sons très-animés d'une chanson gaëlique, qui le guidèrent dans un enfoncement du rivage, caché par le feuillage lustré d'un frêne, et où un sable blanc servait de tapis. Il y trouva la demoiselle de la caverne occupée à préparer avec soin le repas du matin, qui consistait en lait, en beurre frais, en œufs, en miel et en pain d'orge. La pauvre fille avait fait une tournée de plusieurs milles pour se procurer les œufs et la farine nécessaires pour faire les cakes (1), et les autres élémens du déjeuner, qu'elle avait empruntés ou s'était fait donner dans les cabanes des environs. Donald et ses gens n'avaient d'autre nourriture solide que la viande des animaux qu'ils enlevaient dans les Lowlands ; le pain même était pour eux un mets rare et recherché, parce qu'il leur était très-difficile de s'en procurer. Les provisions de ménage, telles que le lait, la volaille, le beurre, etc., étaient tout-à-fait inconnues dans cette espèce de camp de Scythes.

Cependant je dois faire observer au lecteur, que

(1) Les *cakes* d'Ecosse sont spécialement des gâteaux de farine d'avoine. Le docteur Johnson avait une antipathie prononcée contre l'avoine sous toutes les formes ; oubliant que, dans le pays de Galles et autres comtés d'Angleterre, cette céréale est aussi un aliment à l'usage du peuple, il glissa dans son dictionnaire de la langue anglaise cette définition épigrammatique : *Oats,* grain qu'en Angleterre on donne aux chevaux ; et dont on nourrit l'homme en Écosse. — Éd

quoique Alix eût employé une grande partie de la matinée à se procurer des vivres pour son hôte, elle avait eu le temps de s'occuper de sa parure. Ses ajustemens étaient fort simples; ils consistaient en un petit corset rouge et une jupe très-courte; mais le tout propre et arrangé avec un certain art. Cette pièce d'étoffe écarlate brodée appelée le *snood* contenait ses cheveux noirs qui s'en échappaient en boucles nombreuses. Elle avait quitté son plaid rouge pour être plus alerte à servir l'étranger. J'oublierais les plus beaux ornemens d'Alix, si je ne parlais pas des boucles d'oreilles et du chapelet d'or que Donald Bean Lean, son père, lui avait apportés de France : c'était sans doute sa portion du butin qu'il avait fait dans un combat ou dans quelque ville prise d'assaut.

Sa taille, quoique forte pour son âge, était cependant bien prise; sa démarche avait une grace simple et naturelle qui ne se ressentait en rien de la gaucherie ordinaire d'une paysanne. Ses sourires, qui faisaient voir des dents d'une blancheur ravissante, et ses regards suppléèrent à son ignorance de la langue anglaise pour faire bon accueil à Waverley. A un jeune fat, ou même à un officier qui, sans fatuité, connaissait bien ses avantages extérieurs, ce langage muet aurait pu paraître quelque chose de plus que la simple courtoisie d'une hôtesse. Je n'oserais pas, il est vrai, affirmer que cette jeune montagnarde aurait montré à un hôte plus âgé (au baron de Bradwardine, par exemple,) les soins empressés qu'elle eut pour Édouard. Elle semblait impatiente de le voir placé devant ce déjeuner dont elle s'était occupée avec tant de sollicitude, et auquel elle venait d'ajouter quelques baies sauvages qu'elle avait

17

cueillies dans un marécage voisin. Lorsqu'elle vit Édouard à table, elle alla gravement s'asseoir sur une pierre, à quelques pas de distance, d'où elle épiait l'occasion de le servir.

Evan et son satellite revenaient à pas comptés de la plage; le dernier portait une grosse truite saumonée et la ligne qui avait servi pour la prendre; Evan le précédait d'un air satisfait et triomphant; ils s'avançaient vers le lieu où Waverley était si agréablement occupé de son déjeuner. Après les salutations d'usage, Evan, tenant les yeux fixés sur lui, s'adressa à la jeune fille, et lui dit quelques mots en langue gaëlique qui la firent sourire et rougir d'une manière très-sensible, malgré la teinte rembrunie de son visage, presque toujours exposé au soleil ou au grand air. Il donna ensuite ses ordres pour qu'on préparât le poisson; il alluma un morceau d'amadou au bassinet de son pistolet, ramassa quelques brins de paille et quelques branches de bois sec, et parvint en quelques minutes à faire un feu pétillant qui lui donna un brasier sur lequel il plaça la truite découpée en larges tranches. Pour couronner le festin, il tira de la poche de sa jaquette une grande conque, et de dessous son plaid une corne de bélier remplie de whisky. Après avoir bu, le premier, assez largement, il dit d'un air satisfait qu'il avait déjà pris le coup du matin avec Donald Bean Lean avant son départ, et présenta le cordial à la jeune Alix et à Waverley, qui le refusèrent l'un et l'autre. Alors, avec l'air de bonté d'un grand seigneur, il l'offrit à Dugald Mahony, son serviteur, qui, sans attendre une seconde invitation, vida la corne avec délices. Evan sortit pour se rendre à la barque, après avoir invité le jeune officier à le suivre.

Alix mit dans un petit panier tout ce qu'elle crut mériter d'être emporté, se couvrit de son plaid, s'avança vers Édouard avec la plus grande ingénuité, lui prit la main, lui présenta sa joue à baiser (1), et fit une révérence. Evan, qui passait pour un vert galant parmi les belles de la montagne, s'approcha d'un air qui paraissait annoncer qu'on ne pouvait lui refuser une semblable faveur; mais Alix s'empara promptement de son panier, et s'élança sur le rocher avec la légèreté d'un chevreuil; là elle se retourna vers lui, se mit à rire, et lui adressa en langue gaëlique quelques paroles auxquelles Evan répondit sur le même ton et dans le même langage. De la main elle fit ses adieux à Waverley, continua sa route, et disparut bientôt au milieu des taillis, quoiqu'on entendît encore les sons joyeux de sa chanson.

Nos voyageurs rentrèrent dans la gorge de la caverne; ils descendirent de là dans la barque, que le Highlander à la suite d'Evan se hâta de détacher. Pour profiter de la brise du matin, il tendit une espèce de voile en lambeaux, et Evan se mit au gouvernail. Édouard ne tarda pas à s'apercevoir qu'ils remontaient le lac, au lieu de se diriger vers le bord où il s'était embarqué la nuit précédente. Pendant que la barque glissait légèrement sur le miroir argenté des eaux, Evan ouvrit la conversation par l'éloge d'Alix. — Elle est aussi gentille qu'adroite, dit-il, et, par-dessus le marché, la meilleure danseuse de strathpeys (2) de toute la vallée (strath).

(1) *To his salute*, à son salut. Ce n'est pas seulement en Écosse que les jeunes filles se faisaient saluer sur la joue, d'où *salute* signifie baiser. Dans le *Vicaire de Wakefield*, Goldsmith fait saluer de même Olivia et Sophie par le jeune Squire.

(2) On appelle *strathpey* une espèce d'airs écossais fort vifs, et

Édouard approuva de cet éloge tout ce qu'il put en comprendre (1), en ajoutant que c'était bien dommage, selon lui, qu'elle fût condamnée à mener une vie si triste et si dangereuse. — Et pourquoi, je vous prie? dit Evan. Il n'y a rien dans tout le comté de Perth, qu'elle ne puisse se procurer en le demandant à son père, à moins que ce ne soit un objet trop *pesant* ou trop *chaud*.

— Être la fille d'un homme qui n'a d'autre état que d'enlever des bestiaux.... d'un voleur ordinaire (2)!...

— D'un voleur ordinaire?... Donald n'a jamais enlevé moins d'un troupeau.

— Il est donc, suivant vous, un voleur extraordinaire!...

— Non : celui qui enlève la vache d'une pauvre veuve, le bœuf d'un paysan, est un voleur; mais celui qui enlève un troupeau à un laird sassenach (3) est un gentilhomme bouvier; et d'ailleurs, prendre un arbre dans une forêt, un saumon dans la rivière, un daim sur la montagne, ou une vache dans un vallon des Low-

---

aussi une espèce de danse inspirée par ces airs. Le Spey est une rivière du comté d'Inverness, qui donne son nom à une grande vallée et à un canton entier, *Strathpey;* d'où viennent la danse et les airs objets de cette note. — ÉD.

(1) Dans le texte, Evan se sert de quelques mots Écossais. — ÉD.

(2) *Common thief,* voleur commun, mais dans le sens de voleur ordinaire. — ÉD.

(3) *Sassenach* ou Saxon. Les Gaëls se considéraient comme les propriétaires indigènes ou les premiers conquérans du sol. Les *Saxons* n'étaient venus le conquérir qu'après eux, et avaient été arrêtés dans leur usurpation par la barrière des Highlands. Les Highlanders, en pillant les Lowlanders ou Saxons, ne reprenaient donc, disaient-ils, que leur bien. — ÉD.

lands, n'a jamais été pour un Highlander une action dont il doive rougir.

— Et quelle serait la fin de Donald, s'il venait à être pris pendant qu'il s'approprie ainsi ce qui ne lui appartient pas?

— Ah! certes, il *mourrait pour la loi*, comme il est arrivé à plus d'un joli garçon avant lui!

— Pour la loi?

— Oui : c'est-à-dire avec la loi ou par la loi; il serait fixé à un bon gibet de Crieff, où moururent son père et son grand-père, et où j'espère qu'il mourra, s'il n'est pas tué dans un creagh.

— Et vous espérez une telle mort pour votre ami, Evan?

— Oui sans doute. Voulez-vous que je lui souhaite de mourir sur une botte de paille humide.... au fond de sa caverne.... comme un vieux chien galeux?

— Mais que deviendrait la pauvre Alix?

— Comme son père ne pourrait plus la protéger ni la défendre, je me chargerais de ce soin, j'en ferais ma femme.

— Votre projet est très-galant; mais en attendant, qu'est-ce que votre beau-père (c'est-à-dire votre futur beau-père, s'il doit être pendu) a fait du bétail du baron?

— Le soleil n'était pas encore levé sur Ben-Lawers, que votre domestique et Allan Kennedy ont fait partir le troupeau devant eux; il n'en manquait que deux, qui malheureusement avaient été égorgées avant mon arrivée à la caverne royale; le troupeau doit être en ce moment au défilé de Ballybrough, et il arrivera bientôt dans les parcs de Tully-Veolan.

— Et où allons-nous, si j'ose vous le demander? dit Édouard.

— Où voulez-vous que je vous conduise, si ce n'est au château du laird à Glennaquoich? J'ose croire que vous n'avez pas eu l'idée de venir dans ce pays sans voir notre chef; ce serait un crime capital.

— Et sommes-nous encore bien éloignés de Glennaquoich?

— Nous en sommes à cinq *brins* de mille ; Vich Ian Vohr viendra à notre rencontre.

Une demi-heure après la barque s'arrêta au rivage. Lorsqu'on eut mis Édouard à terre, les deux montagnards la dirigèrent dans un enfoncement rempli de roseaux et de joncs, au milieu desquels elle était parfaitement cachée. Ils portèrent les rames dans un autre endroit non moins propice pour les dérober aux yeux; sans doute ils ne prenaient ces précautions que pour Donald Bean Lean, qui, dans ses courses, pouvait venir dans ces parages.

Nos voyageurs marchèrent pendant quelque temps dans un vallon charmant entre deux hautes montagnes. Au milieu coulait un petit ruisseau se dirigeant vers le lac. Édouard recommença ses questions concernant leur hôte de la caverne.

— Y fait-il continuellement sa demeure?

— Oh! que non! bien fin serait celui qui connaîtrait tous ses pas!.... Il n'y a pas un coin, une caverne, un trou dans tout le pays que Donald ne connaisse.

— Et d'autres que votre maître lui donnent-ils asile?

— Mon maître (1)! répondit Evan avec fierté, mon

---

(1) Cette exclamation révèle toute la fierté et l'indépendance de

maître est dans le ciel; puis reprenant aussitôt son ton de politesse :

— Je vois, dit-il, que vous voulez parler de notre chef?... Non, il ne donne pas asile à Donald, ni à ceux qui lui ressemblent; mais, ajouta-t-il en riant, il lui accorde *l'eau et le bois*.

— Il ne leur ferait pas un grand cadeau! ces deux objets ne sont pas rares dans ce pays.

— Vous ne me comprenez pas. En vous disant *l'eau et le bois*, j'entends le lac et les montagnes. Vous vous imaginez bien que si le laird, à la tête de trente de ses hommes, se mettait à la poursuite de Donald dans les bois de Kailychat, il ne lui échapperait pas; ou que si quelque joli garçon, tel que moi, guidait nos barques sur le lac, Donald n'aurait pas beau jeu.

— Si des forces considérables partaient de la plaine pour venir l'attaquer, votre chef le défendrait-il?

— Non, certainement : si l'on venait au nom de la loi, il ne brûlerait pas une amorce pour lui.

— Et que ferait Donald?

— Il quitterait le pays, et se réfugierait sur les montagnes de Letter-Scriven.

— Et s'il y était poursuivi?

— Il irait chercher un asile à Rannoch, auprès de son cousin.

— Et si l'on allait encore le relancer dans ce refuge?

— Cela n'est pas possible : il n'y a pas un seul habitant de la plaine qui osât le poursuivre plus loin que

---

chaque membre d'un clan. En gaëlique, *clan* veut dire famille, et le dernier *clan-man* était le parent du chef, son subordonné et non son vassal. Grande différence entre la féodalité et le *patriarcat* des Highlands. — Éd.

le défilé de Ballybrough, à moins qu'il ne fût guidé par les *Sidier dhu*.

— Les *Sidier dhu!* Qu'est-ce que cela?

— Ce sont les soldats noirs; c'est le nom qu'on donne aux compagnies franches qu'on avait organisées pour maintenir l'ordre et la tranquillité dans ces montagnes. Vich Ian Vohr en a commandé une pendant cinq ans, et j'y avais le grade de sergent. On les appelle les Sidier dhu à cause de la couleur des tartans, comme on appelle vos hommes les hommes du roi Georges, les soldats rouges (*Sidier roy*).

— Très-bien; mais lorsque vous étiez payés par le roi, n'étiez-vous pas les soldats du roi Georges?

— Vous avez raison; et sur cet article vous pouvez consulter Vich Ian Vohr; nous n'appartenions pas plus au roi qu'il ne lui appartenait lui-même. Personne ne peut dire qu'aujourd'hui nous sommes les soldats du roi Georges, puisque depuis douze mois il ne nous a pas donné un sou de paye.

Il n'y avait rien à répondre à ce dernier argument; aussi Waverley s'empressa-t-il de faire retomber la conversation sur Donald Bean Lean.

— Donald, dit-il, se borne-t-il à faire la guerre au bétail, ou bien, pour me servir de vos expressions, enlève-t-il tout ce qui lui tombe sous la main?

— Ce n'est point un homme très-délicat : tout lui convient; mais il préfère les bœufs, les vaches, les chevaux, ou des créatures humaines, à toute autre chose; les brebis marchent trop lentement; d'ailleurs on trouve difficilement à les vendre dans ce pays.

— Mais enlève-t-il aussi des hommes et des femmes?

— Sans doute : ne lui avez-vous pas entendu parler

hier au soir d'un bailli? sa rançon lui coûta six cents marcs d'argent, qu'on apporta au défilé de Ballybrough. Je veux vous raconter un bon tour que Donald a joué il y a quelque temps. C'était à l'époque du mariage de la vieille veuve de Cramfeezer avec le jeune Gilliewhackit. Celui-ci, en vrai gentilhomme, avait dissipé toute sa fortune aux combats de coq, aux combats du taureau, aux courses de chevaux, etc., et il avait besoin de ravitailler ses coffres par ce mariage. Donald sut que la veuve en était éprise. Un soir il enleva Gilliewhackit à l'aide de ses gens, le transporta avec la rapidité de l'éclair au milieu des montagnes, et le déposa dans la caverne royale. Là, il eut tout le temps de stipuler pour sa rançon; Donald ne voulut jamais rabattre un sou de mille livres.

— Diable!

— Oui, mais en livres d'Écosse; car la fiancée n'aurait jamais pu compléter cette somme, eût-elle mis sa dernière chemise en gage; elle s'adressa au gouverneur du comté, ainsi qu'au major de la garde noire. Le premier répondit que cette affaire ne le regardait pas, parce qu'elle avait eu lieu hors de son arrondissement, et le major s'excusa sur ce que ses soldats étaient allés à la tonte des moutons, et que, jusqu'à ce que la place fût approvisionnée, il ne les rappellerait pas pour toutes les Cramfeezers de la chrétienté, parce qu'il agirait contre tous les intérêts du pays. Gilliewhackit fut attaqué de la petite-vérole, il n'y eut point de médecin dans le voisinage qui voulût venir soigner le pauvre garçon; je ne les blâme point, parce que Donald, qui avait été étrillé par un de ces docteurs à Paris, avait juré de jeter dans le lac le premier qu'il rencontre rait. Cependant quelques bonnes vieilles de la connaissance de Donald eurent tant de soin de Gilliewhackit, en lui faisant prendre le grand air, en lui donnant de la bouillie d'avoine fraîche, qu'il se rétablit aussi promptement que s'il eût été dans un bon lit, entouré de beaux rideaux, et que s'il eût été nourri avec du pain blanc et du vin rouge. Donald fut si contrarié, que lorsqu'il le vit en état de marcher, il le renvoya, laissant à sa discrétion la manière dont il pourrait le dédommager des soins qu'il lui avait donnés. Je ne saurais vous dire exactement de quelle manière cette affaire se termina, mais ils se séparèrent si satisfaits l'un de l'autre, que Donald fut invité à venir en trews (1) danser à la noce, et que sa bourse ne fut jamais aussi bien garnie qu'à cette époque. Gilliewhackit disait que, s'il arrivait qu'on l'appelât en témoignage contre Donald, il l'acquitterait de tout, excepté qu'il se fût rendu coupable d'un incendie volontaire (2) ou d'un meurtre.

Par ces entretiens sans liaison, Evan cherchait à faire connaître l'état des Highlanders, et peut-être amusaient-ils mieux Waverley qu'ils n'amuseront le lecteur. Après avoir marché long-temps par monts et par vaux, Édouard, quoiqu'il n'ignorât pas combien les Écossais sont généreux en comptant les distances, commençait à croire que les cinq milles d'Evan s'étaient doublés. Il témoigna sa surprise de ce que les Écossais n'étaient pas si économes dans la distribution de leurs mesures que dans la supputation de leur monnaie. — Au diable

---

(1) Espèces de pantalons de tartan que portaient quelquefois les chefs et les catérans. — Éd.

(2) *Arson, ab ardendo.* — Éd.

les jambes trop courtes! répondit Evan en répétant cette vieille expression proverbiale.

Ils entendirent un coup de fusil, et virent devant eux un chasseur avec ses chiens et son domestique. — Je ne me trompe pas, dit Dugald Mahony; c'est le chef.

— Non, répondit Evan d'un ton de maître; pensez-vous qu'il viendrait à la rencontre d'un gentilhomme anglais, sans suite, et comme un simple montagnard?

Mais en s'approchant, il fut forcé de dire d'un air tout-à-fait peiné : — C'est lui-même, je n'en puis douter : comment! il n'a pas auprès de lui les officiers de sa maison! je ne vois que Callum Beg!

Dans le fait, Fergus Mac-Ivor était un de ces hommes dont un Français aurait pu dire : *Il connaît bien son monde*. Il n'avait point eu l'idée de se donner un air d'importance aux yeux d'un jeune Anglais, en se présentant à lui suivi d'une vaine escorte de Highlanders. Il comprenait que cet appareil inutile eût plutôt paru ridicule qu'imposant. Personne n'était plus jaloux que lui de la puissance féodale et des attributions d'un chieftain, et c'était pour cela même qu'il se gardait prudemment de faire parade de ses distinctions personnelles à moins que le temps et la circonstance les demandassent pour produire de l'effet. S'il eût dû recevoir un autre chieftain, il se fût sans doute fait escorter par cette suite qu'Evan avait décrite avec tant de plaisir; mais il jugea qu'il était plus convenable, pour recevoir Waverley, de ne se faire accompagner que d'un seul officier (son Gilly-more); c'était un beau jeune homme, qui portait la carnassière et la claymore de son maître, avec laquelle celui-ci sortait toujours.

Lorsque Fergus et Waverley s'abordèrent, ce dernier

fut frappé de la grace et de la dignité particulière de ce chieftain. Sa taille était au-dessus de la moyenne et bien proportionnée; son costume des Highlands, qui était simple, faisait paraître sa personne avec avantage. Il portait des *trews* (1) ou pantalons étroits d'un tartan rouge et blanc; pour tout le reste, son costume ressemblait à celui d'Evan, excepté qu'il n'avait d'autre arme qu'un dirk richement monté en argent. Son page, comme nous l'avons dit, portait sa claymore, et le fusil de chasse que Fergus tenait à la main ne paraissait destiné qu'à son amusement. Il avait, en venant, tiré quelques jeunes canards, car, quoiqu'il n'y eût pas alors de chasse défendue ou permise, les couvées de grouses étaient trop jeunes encore. Tous ses traits étaient caractéristiques, c'est-à-dire décidément écossais avec les particularités des physionomies un peu dures du nord, mais cette dureté était si peu prononcée dans son visage que partout il aurait passé pour un très-joli homme. L'air martial de sa toque, ornée d'une seule plume d'aigle (2), comme marque de distinction, ajoutait beaucoup à l'expression mâle de sa tête; et les boucles naturelles de ses cheveux noirs avaient plus de grace qu'aucune des chevelures postiches des magasins de Bond-street (3).

L'impression favorable produite par son extérieur aussi gracieux qu'imposant était encore augmentée par un air de franchise et d'affabilité. Cependant un habile physionomiste aurait été moins satisfait en le voyant une seconde fois. Ses sourcils et sa lèvre supérieure

(1) Voir la note précédente sur ce mot. — Éd.
(2) Le panache appartient aux chefs du premier rang.— Éd.
(3) La rue à la mode de Londres. — Éd.

annonçaient l'habitude qu'il avait de commander en maître ; sa politesse, quoique simple et naturelle, paraissait indiquer qu'il avait le sentiment de sa supériorité ; le mouvement involontaire de ses yeux décelait quelquefois son caractère hautain, fier et vindicatif, qui n'était pas moins redoutable pour être facilement dissimulé. En un mot, l'abord de ce chieftain ressemblait à ces beaux jours qui, tout en nous charmant, annoncent par des signes certains, quoique à peine sensibles, qu'avant la nuit le tonnerre grondera.

Ce ne fut point à cette première entrevue qu'Édouard eut occasion de faire ces observations. Fergus le reçut comme un ami du baron de Bradwardine, et lui témoigna le plaisir que lui causait sa visite. Il lui fit d'obligeans reproches d'avoir choisi pour passer la nuit un abri aussi sauvage, et aussi peu digne de lui que l'habitation de Donald Bean. La conversation roula sur l'intérieur de ce ménage extraordinaire, mais Fergus ne fit pas la moindre mention des déprédations de Donald, ni du motif qui lui procurait la visite de Waverley, qui par conséquent crut devoir éviter d'amener ces questions. Pendant qu'ils s'avançaient vers le château de Glennaquoich, Evan formait respectueusement l'arrière-garde avec Callum Beg et Dugald Mahony.

Nous tâcherons de faire connaître au lecteur quelques particularités concernant la famille et la personne de Fergus Mac-Ivor. Mais Waverley ne fut instruit de ces détails que lorsqu'il eut formé avec lui une liaison qui, quoique produite par le hasard, eut pendant long-temps la plus grande influence sur son caractère, sur ses actions et toute son existence. Ce sujet est trop important pour ne pas mériter le commencement d'un chapitre.

CHAPITRE XIX.

Le chef et sa demeure.

L'INGÉNIEUX licencié Francisco de Ubeda, en commençant son histoire de la *Picara Justina Diez* (1), qui, par parenthèse, est un des livres les plus rares de la littérature espagnole, Francisco de Ubeda, dis-je, apostrophe durement sa plume, parce que son bec a pris un cheveu, et commence avec plus d'éloquence que de bon sens, une explication d'ami avec cet utile instrument auquel il reproche d'être une plume d'oie, — oiseau inconstant par sa nature, parce qu'il fréquente les trois élémens, l'eau, la terre et l'air, et par conséquent inconstant à l'air, à l'eau et à la terre. — J'ose vous assurer, mon cher lecteur, que je suis bien éloigné de penser comme Francisco de Ubeda, charmé surtout que ma

(1) La friponne Justine Diez. — ÉD.

plume ait cette utile propriété de passer facilement du gai au grave, et d'une description ou d'un dialogue à un portrait ou à un récit. Si l'on ne fait d'autre reproche à ma plume que d'être changeante comme sa mère l'oie, je m'en féliciterai bien sincèrement, et tout me porte à croire que vous n'en serez pas fâché. Du jargon des Gillies des Highlands, je vais passer au portrait de leur chef; c'est une entreprise importante, et par conséquent, comme disait Dogberry (1), nous devons y mettre toute notre science.

Il y avait trois cents ans qu'un des ancêtres de Mac-Fergus présenta une pétition pour être reconnu chef du clan nombreux et puissant dont il était membre, et dont il est inutile de mentionner le nom. Un de ses compétiteurs l'ayant emporté sur lui par la justice ou par la force, Fergus s'expatria, et vint, second Énée, avec ceux qui voulurent le suivre, chercher vers le sud un nouvel établissement; les circonstances où se trouvaient les Highlands du Perthshire favorisèrent son projet. Un des premiers barons du pays s'était rendu coupable de haute trahison; Ian (c'est ainsi que s'appelait notre aventurier) se joignit à ceux que le roi avait chargés de punir le proscrit. Il rendit de si grands services, qu'il obtint la propriété des domaines qui devinrent la résidence et l'héritage de sa famille. Il suivit le roi, lorsqu'il porta la guerre dans les plaines fertiles de l'Angleterre. Là il employa si utilement ses heures de loisir à lever des subsides dans les comtés de Northumberland et de Durham, qu'à son retour il fut à même de faire bâtir en pierre de

(1) Personnage burlesque de *Beaucoup de bruit pour rien*, de Shakspeare. — Éd.

taille une tour ou citadelle, qui excita tellement l'admiration de ses vassaux et de tout le voisinage, qu'on lui donna le surnom de Jean de la Tour (*Ian Nan Chaistel*) au lieu de celui de Ian Mac-Ivor, ou Jean fils d'Ivor qu'il avait auparavant. Ses descendans furent si fiers de lui, que le chef régnant prenait toujours le surnom patronimique de *Vich Ian Vohr*, c'est-à-dire fils de Jean-le-Grand; et le clan, pour n'être point confondu avec celui dont il s'était séparé, se fit appeler *Sliochd Nan Ivor*, race d'Ivor.

Le père de Fergus, dixième du nom, descendant en droite ligne de Jean de la Tour, s'engagea corps et ame dans l'insurrection de 1715, et fut obligé de se réfugier en France après le malheureux succès de cette tentative en faveur des Stuarts. Plus heureux que les autres fugitifs, il obtint du service, et finit par épouser une demoiselle d'un certain rang dans ce royaume; il en eut deux enfans, Fergus et Flora. Ses possessions d'Écosse avaient été confisquées, et vendues au plus offrant; mais on les racheta à bas prix au nom du jeune héritier, qui vint bientôt y fixer sa résidence. On ne tarda pas à s'apercevoir que c'était un caractère doué d'une intelligence peu commune, ardent et ambitieux. Quand il connut bien la situation du pays, il prit peu à peu un ton singulier qu'on ne pouvait prendre qu'il y a soixante ans.

Si Fergus Mac-Ivor eût vécu soixante ans plus tôt, il aurait eu probablement moins de cette politesse et de cette connaissance du monde qu'il possédait alors; et, s'il eût vécu soixante ans plus tard, l'amour de l'ordre et de ses intérêts bien entendus aurait mis un frein à son caractère fougueux. On ne peut disconvenir qu'il ne fût, dans sa petite sphère, un politique aussi profond que Castruccio Castruccani (1) lui-même. Il s'adonna avec la plus grande activité au soin d'apaiser toutes les discussions qui s'élevaient fréquemment dans les clans de son voisinage, et l'on eut souvent recours à son arbitrage. Il ne négligea rien pour étendre son propre pouvoir patriarcal. Dans cette vue il fit toutes les dépenses que sa fortune lui permettait pour exercer l'hospitalité avec largesse et générosité, premiers attributs d'un chef. C'est d'après ces mêmes principes qu'il augmenta autant qu'il le put le nombre de ses tenanciers, pour avoir des soldats en cas de guerre, mais hors de proportion avec les ressources du sol. Sa force principale consistait en hommes de son clan, qu'il ne laissait jamais sortir de ses terres, à moins qu'il ne pût l'empêcher. Il attirait aussi à lui tous ceux qui désertaient la bannière du chef du clan primitif, plus riche mais moins belliqueux, pour se ranger sous celle de Fergus. Il suffisait en général pour y être admis d'être, comme Poins (2), des hommes à la main exercée, et d'avoir le désir de prendre le nom de Mac-Ivor.

Il parvint bientôt à discipliner ses nombreux vassaux. Lorsqu'il eut obtenu le commandement d'une de ces compagnies indépendantes que le gouvernement avait organisées pour le maintien de l'ordre parmi les habitans

(1) Capitaine italien qui vivait dans le quatorzième siècle; un des plus fameux membres de la faction des gibelins. C'était un enfant trouvé; son audace et sa politique en firent un héros. Il devint général, et gagna des batailles; il serait devenu prince de Toscane peut-être, si la mort ne l'eût enlevé à quarante-quatre ans. — Éd.

(2) Un des compagnons de Falstaff (dans *Henri IV*, de Shakspeare), dont la morale n'était pas très-sévère, surtout quand il s'agissait de la différence du tien et du mien.

des montagnes, il déploya dans cet emploi autant d'activité que d'intelligence, et fit jouir son canton de la plus grande tranquillité. Il eut soin de faire entrer à tour de rôle ses tenanciers dans sa compagnie, et, par ce moyen, il parvint à leur donner à tous une connaissance générale de la discipline militaire. Lorsqu'il marchait contre les bandits, on remarqua qu'il s'attribuait un pouvoir discrétionnaire presque illimité, sous prétexte que, les lois n'ayant point leur libre exercice dans ces Highlands, la force militaire devait les remplacer. Il traitait, par exemple, avec beaucoup d'indulgence tous les maraudeurs qui, obéissant à son ordre, restituaient leur butin et consentaient à se soumettre à lui; tandis qu'il déployait la plus grande sévérité envers ces pillards interlopes qui méprisaient ses ordres ou ses remontrances; il les faisait arrêter et les livrait aux tribunaux compétens. D'un autre côté, si quelques juges de paix, si des officiers civils ou militaires s'avisaient de poursuivre sur ses terres les voleurs ou maraudeurs, sans l'avoir prévenu, et sans avoir réclamé son assistance, ils pouvaient s'attendre à éprouver un échec complet : dans ces circonstances, Fergus Mac-Ivor était le premier à se joindre à eux pour déplorer l'impuissance des lois, et il blâmait avec douceur leur zèle imprudent. Ces doléances ne bannirent point les soupçons, les choses furent si bien représentées au gouvernement, que notre chieftain se vit privé de son commandement militaire.

Quel que fût son ressentiment, il eut l'art de le concentrer au fond de son cœur, et ne donna pas la plus légère marque de mécontentement; mais le voisinage ne tarda pas à se ressentir des tristes résultats de sa disgrace. Donald Bean Lean, et autres gens de même espèce, qui jusqu'alors n'avaient exercé leurs brigandages que dans les cantons environnans, parurent s'être établis sur cette frontière sacrifiée. Ils ne trouvaient point la moindre opposition à leurs rapines, parce que les habitans de la plaine étaient désarmés la plupart comme Jacobites; c'est ce qui força la plupart à payer par contrat le *black-mail*, que Fergus Mac-Ivor percevait en sa qualité de protecteur. Cette redevance lui donnait la plus grande considération, et lui fournissait les moyens de continuer à exercer l'hospitalité féodale envers tous ses vassaux; secours qui venait fort à propos pour remplacer ses appointemens supprimés.

Dans toute sa conduite, Fergus avait un projet bien plus important que celui de passer pour un grand homme dans le voisinage, ou de gouverner en despote un petit clan. Dès son enfance il s'était dévoué à la cause de la famille exilée; il était persuadé que non-seulement sa restauration sur le trône serait heureuse pour la nation, mais encore que ceux qui l'auraient aidée seraient comblés d'honneurs : c'était dans cette vue qu'il avait pris tant de peine pour éteindre les haines personnelles parmi les montagnards, et qu'il avait augmenté ses forces, pour être prêt à agir à la première occasion favorable. Il avait encore soin, et toujours dans la même intention, de se concilier l'amitié de plusieurs gentilshommes des Lowlands, qu'il savait être partisans de la bonne cause. C'est pour le même motif qu'ayant eu le malheur de se brouiller imprudemment avec le baron de Bradwardine, qui, malgré son originalité, était généralement respecté, il profita de l'excursion que Donald Bean Lean avait faite à Tully-Veolan, pour envoyer un plénipotentiaire chargé de proposer l'accommodement dont nous avons parlé. Quelques personnes supposèrent que Fergus lui-même avait donné le plan de cette incursion à Donald, et cela pour s'ouvrir une voie de réconciliation : de quelque part que vînt cet avis, il coûta au laird de Bradwardine deux belles vaches.—Ce zèle ardent de Fergus pour la maison des Stuarts fut récompensé par une confiance sans bornes, par des missions délicates, par des sacs de *louis d'or*, par les plus belles espérances et des lettres-patentes en parchemin, ornées d'un énorme sceau en cire, signées de la propre main de Jacques, roi troisième d'Angleterre et huitième d'Écosse, qui conféraient le titre de comte à son féal et bien-aimé sujet, Fergus Mac-Ivor de Glennaquoich, dans le comté de Perth, royaume d'Écosse.

Avec cette brillante couronne de blason devant les yeux, Fergus prit une part très-active dans tous les mouvemens qui eurent lieu à cette malheureuse époque; comme tous les agens dévoués d'une révolution, il réconcilia sa conscience avec les excès de son parti. Il n'aurait jamais été si loin s'il n'avait cru suivre les lois de l'honneur bien plus que son intérêt personnel.

Après le bref examen que nous nous sommes permis sur ce caractère ardent, fier, ambitieux, politique et dissimulé, nous reprendrons le fil interrompu de notre récit.

Fergus et son hôte étaient arrivés au château de Glennaquoich, qui consistait dans l'habitation de Ian Nan Chaistel. Le grand-père des Fergus y avait ajouté une maison à deux étages, au retour de cette expédition mémorable, bien connue dans les comtés de l'ouest sous le nom de Highland host (l'armée des Highlands). Il est à présumer que cette croisade contre les Whigs et les covenantaires d'Ayr, ne fut pas moins favorable à Vich Ian Vohr, que ne l'avait été pour son aïeul l'expédition dans le Nortumberland, puisqu'elle lui fournit les moyens d'élever pour ses descendans un monument de sa magnificence, qui devait servir de pendant à la tour.

Ce château se trouvait placé sur une éminence au milieu d'un vallon étroit des Highlands. On n'apercevait aucune trace des soins qu'on prend ordinairement pour orner les environs de l'habitation d'un gentilhomme. Un enclos ou deux, séparés par des murs en pierre, étaient les seules parties du domaine qui fussent défendues ; partout ailleurs, sur les lisières étroites qui bordaient le ruisseau, on rencontrait des champs semés d'orge, constamment exposés à être dévastés par les troupeaux de bétail noir et de poneys sauvages qui paissaient sur les hauteurs voisines ; ces animaux faisaient même de temps en temps une incursion sur la terre labourable, et ils étaient alors repoussés par les cris bruyans et rauques de cinq à six bergers des Highlands qui couraient comme des fous, et en appelant au secours un chien affamé. Un peu plus haut, dans le glen, on apercevait un bois de bouleaux rabougris ; les rochers des environs, couverts de bruyère, n'offraient qu'un aspect monotone ; l'œil ne se reposait que sur des masses unies et sauvages, plutôt que grandes et solitaires. Mais quelle que fût cette habitation, aucun digne descendant de Ian nan Chaistel ne l'aurait échangée contre Stow ou Blenheim (1).

(1) Les jardins de Stow sont fameux en Angleterre. — Blenheim est le château du duc de Marlborough, érigé à Woodstock, dans le comté d'Oxford, sur le terrain de la loge royale de Woodstock, autrement dit de la Belle Rosemonde. — Éd.

Waverley, en s'avançant vers la porte d'entrée du château, fut frappé d'un tableau que le premier propriétaire de Blenheim aurait sans doute préféré aux plus beaux points de vue du domaine qu'il reçut de sa patrie reconnaissante. Environ cent Highlanders, parfaitement armés et équipés, étaient rangés en ligne de bataille. Fergus, en les apercevant, dit à Waverley, avec un air de négligence : — J'ai oublié de vous dire que j'avais réuni quelques hommes de mon clan pour aviser aux moyens de mettre le pays à l'abri des insultes qu'on a osé faire, à mon grand regret, au baron de Bradwardine. Peut-être ne seriez-vous pas fâché de les voir manœuvrer : qu'en dites-vous, capitaine?

Édouard accepta cette proposition.

Ces montagnards se mirent aussitôt à exécuter, avec la plus grande célérité et la plus grande précision, diverses évolutions militaires. Ils rompirent leurs rangs pour montrer en détail leur adresse à se servir du pistolet ou de l'arquebuse ; ils tiraient en marchant, en se couchant, en reculant, en se penchant à droite, à gauche, et rarement il leur arrivait de manquer le but. Ils se mirent bientôt deux par deux pour le maniement de l'épée ; ils se formèrent ensuite en deux pelotons opposés pour faire la petite guerre. On les vit charger, se rallier, se replier, faire volte-face, et se poursuivre. Toutes ces évolutions, images d'un combat, étaient commandées au son de la grande cornemuse de guerre.

A un signal du chef, l'escarmouche cessa ; et alors il se fit des parties pour courir, lutter, sauter, jeter la barre de fer (1), et autres exercices dans lesquels cette milice féodale montra une adresse, une agilité et une

(1) C'est un gros morceau de fer qu'il s'agit de jeter le plus loin possible. — Éd.

force incroyables; le but du chef fut atteint, car il voulait par là donner à Waverley une idée favorable du mérite de ses gens comme soldats, et de la puissance de celui dont un signe les faisait marcher.

— Quel est le nombre, demanda-t-il, de ces braves qui ont le bonheur de vous avoir pour commandant?

— Lorsqu'il s'agit de défendre la bonne cause, et qu'il aime son chef, répondit Fergus, le clan d'Ivor fournit ordinairement cinq cents soldats; mais vous n'ignorez pas, capitaine, que le désarmement qui eut lieu il y a vingt ans nous empêche de le tenir au complet; il me suffit d'avoir sous mes ordres un petit nombre d'hommes armés pour protéger mes propriétés et celles de mes amis, quand la tranquillité publique est troublée, comme elle l'a été à Tully-Veolan; et puisque le gouvernement ne nous défend pas, il ne doit pas trouver mauvais que nous nous défendions nous-mêmes.

— Avec les forces que vous avez à votre disposition, dit Édouard, il vous serait bien facile de détruire la bande de Donald Bean Lean.

— Vous avez raison, je pourrais le faire; mais savez-vous quelle serait ma récompense? Je recevrais l'ordre de remettre entre les mains du général Blakeney, à Stirling, le peu d'armes qu'on nous a laissées; vous conviendrez que je n'agirais pas selon la politique. Mais les cornemuses m'annoncent que le dîner est servi: venez, il me tarde d'avoir l'honneur de vous recevoir dans ma rustique habitation.

CHAPITRE XX.

Un repas des Highlands.

Avant que Waverley fût entré dans la salle du festin, on vint lui présenter le bassin pour se laver les pieds; cette offre patriarcale n'était point à dédaigner après le voyage qu'il avait fait à travers des terres marécageuses et d'épaisses bruyères. Cette cérémonie ne fut point accompagnée du luxe qu'on déploya pour le héros de l'Odyssée; la tâche de l'ablution ne fut point accomplie par une jeune beauté instruite à frictionner le corps, et à verser l'huile odorante, mais par une vieille femme highlandaise, à la peau couleur de fumée, qui, loin de se trouver très-honorée de la commission qu'on lui donnait, marmotta entre ses dents :—*Les troupeaux de nos pères n'ont pas brouté si près les uns des autres pour vous rendre ce service!* Une légère donation réconcilia cette antique femme de chambre avec sa dégradation supposée. Quand Waverley se disposa à entrer dans la salle, elle le bénit en répétant le proverbe gaëlique : *Puisse la main qui s'ouvre être toujours pleine.*

La salle du festin occupait tout le rez-de-chaussée de l'habitation originaire de Ian Nan Chaistel : une énorme table de bois de chêne y régnait dans toute sa longueur. Le dîner était simple, on pourrait même dire grossier, et les convives étaient nombreux, jusqu'à former cohue. Au haut de la table était placé le chef avec Édouard et deux ou trois visiteurs des clans voisins ; au second rang étaient assis les anciens de la tribu de Mac-Ivor, *Wadsetters* et *Tacksmen* (1), comme on les appelait, qui possé-

(1) En écossais, un *Wadsetter* est un homme qui possède la propriété d'un autre avec obligation de la rendre après un terme fixé, comme un *wadset*, en terme de barreau, est un acte par lequel un débiteur livre son bien à son créancier, pour que celui-ci se paie avec le revenu. *Tacksman* est synonyme de *Wadsetter* ; mais ce terme appartient presque exclusivement aux *Highlands*.

Le Cean-cinnidh, ou chef, était le propriétaire de tout le district qu'habitait le clan : il s'en réservait une portion où vivaient les gens de sa suite. Les portions que le chef ne gérait pas lui-même directement étaient cédées par lui aux Anciens, principaux membres du clan, parens du chef, et un peu plus *gentilshommes* que les autres : c'étaient les *Tacksmen*. Ceux-ci subdivisaient encore leurs portions en petites fermes qu'ils cédaient à une famille de tenanciers (*tenants*), et après les tenanciers venaient les petits tenanciers, qui occupaient une simple chaumière, et travaillaient pour les tenanciers. Telle était la hiérarchie des propriétaires et des fermiers héréditaires du clan, qui, outre des redevances pécuniaires ou en nature, devaient au chef le service de leur personne. Mais le chef avait aussi ses obligations comme père de la grande famille ; et l'hospitalité envers tous les membres de son clan était au nombre de ses devoirs. — Éd.

daient des portions des domaines du chef, en qualité d'ammodiateurs ; au-dessous d'eux étaient leurs fils, leurs neveux, et les frères de lait; puis les officiers de la maison du chef, selon leur rang (1), et au bas bout de la table les tenanciers qui cultivaient eux-mêmes la terre. Outre cette longue suite de convives, Édouard put voir sur la pelouse, à travers une immense porte, ouverte à deux battans, une foule de Highlanders d'un rang inférieur, qui néanmoins étaient regardés comme invités au banquet. Plus loin étaient des groupes mobiles de vieilles femmes, d'enfans couverts de haillons, de mendians jeunes et vieux, de lévriers, de terriers, de braques, et chiens de toute espèce; tous les membres de ces groupes recevaient une part plus ou moins directe du festin.

Cette hospitalité de Fergus, qui paraissait illimitée, avait cependant ses règles d'économie. On avait préparé avec quelque soin les plats de poisson et de gibier servis au haut bout de la table, et près de l'étranger anglais. Plus bas on remarquait des énormes pièces de mouton et de bœuf qui, sans l'absence du porc (2) (animal abhorré dans les Highlands), auraient rappelé le repas des amans de Pénélope. Le plat du milieu était un agneau d'un an, rôti entier; il était posé sur ses jambes, et tenait entre les dents un bouquet de persil. Sans doute

(1) C'est-à-dire ses officiers, décrits par Evan Dhu, et ses gardes-du-corps (*Luich tach*), choisis parmi les plus robustes du clan. — Éd.

(2) Le cochon était autrefois très-rare en Écosse : on en trouve maintenant en troupeaux sur plusieurs montagnes. Le Highlander n'aimait généralement pas les viandes grasses, d'une digestion pénible. — Éd.

le cuisinier ne lui avait donné cette position que pour satisfaire son amour-propre, étant plus fier de l'abondance que de l'élégance des mets de la table de son maître. Les flancs du pauvre animal furent vigoureusement attaqués par les membres du clan, les uns armés de leurs dirks, les autres de couteaux qu'ils portaient habituellement dans le même fourreau que leur dague; et bientôt la carcasse décharnée n'offrit plus qu'un douloureux spectacle. Le bout de la table était garni de mets encore plus simples, mais servis avec abondance. Des soupes, des ognons, du fromage, et les restes des viandes, régalaient les enfans de la race d'Ivor qui assistaient au banquet en plein air.

Les boissons furent distribuées dans le même ordre et avec les mêmes gradations. On servait aux plus proches voisins du chef d'excellent vin de Champagne et de Bordeaux; du whisky pur ou étendu d'eau, et de la bière forte, désaltéraient les convives assis plus bas. Chacun savait que son goût devait être réglé suivant son rang; aussi les Tacksmen et leurs tenanciers ne manquaient pas de dire que le vin était trop froid pour leur estomac, et ils semblaient demander de préférence la boisson qui leur était destinée. Les joueurs de cornemuse (ils étaient trois) ne cessèrent de faire entendre un épouvantable concert guerrier pendant toute la durée du repas. L'écho du plafond en voûte, et les sons de la langue celtique produisirent un tel bruit, qu'Édouard crut qu'il perdrait l'ouïe pour le reste de ses jours dans cette tour de Babel. Mac-Ivor lui demanda excuse de cette confusion: — Je ne pourrais, dit-il, négliger de remplir ces devoirs d'une hospitalité nécessaire: ces parens fainéans, ajouta-t-il, regardent mes domaines comme une propriété dont je n'ai que l'administration ; ils se reposent sur moi pour avoir de la bière et de la viande ; leur seule occupation est de s'exercer à manier la claymore, d'aller à la chasse, de boire, et de courtiser les filles du Strath ; mais que puis-je y faire, capitaine Waverley ? Tout être de ce bas monde tient à sa famille, que ce soit un faucon ou un Highlander.

Édouard ne manqua pas de lui faire le compliment attendu sur le grand nombre de vassaux dévoués qu'il avait à ses ordres.

— Il est vrai, répondit Fergus, que s'il me prenait fantaisie d'aller, à l'exemple de mon père, me faire donner un coup sur la tête ou deux sur le cou, les vauriens ne me quitteraient pas. Mais qui peut s'occuper d'un semblable projet aujourd'hui où l'on a pris pour devise : Mieux vaut une vieille femme avec une bourse à la main, que trois hommes avec leurs glaives à la ceinture.

A ces mots, se tournant vers ses nombreux convives, il porta une santé en l'honneur du capitaine Waverley, le digne ami de son respectable voisin et allié le baron de Bradwardine.

— Il est le bienvenu, dit un des anciens, s'il vient de la part de Cosme Comyne Bradwardine.

— Je ne dis pas cela, répondit un vieillard qui semblait ne pas se soucier de ce toast, je ne dis pas cela, répéta-t-il ; tant qu'il y aura de la verdure dans la forêt, il y aura de la fraude dans le cœur de Comyne.

— Bradwardine est un homme d'honneur, reprit vivement un autre des anciens ; l'étranger qui se présente ici de sa part doit être le bienvenu, eût-il les mains teintes de sang, à moins que ce ne fût du sang de la race d'Ivor.

— Il n'y a eu que trop de sang de la race d'Ivor répandu par la main de Bradwardine, répliqua le vieillard dont la coupe restait toujours pleine.

— Ah! Ballenkeiroch, vous pensez plutôt au coup de carabine de Tully-Veolan qu'aux coups d'épée qu'il a donnés pour la bonne cause.

— Et j'ai bien raison : son coup de carabine me priva d'un fils !.... Ses coups d'épée n'ont pas beaucoup servi au roi Jacques.

Fergus expliqua en français, à Waverley, que le baron, dans une querelle près de Tully-Veolan, avait tué, sept ans auparavant, le fils de ce vieillard. — Ballenkeiroch, ajouta-t-il, ce jeune officier est Anglais, et tout-à-fait étranger à la famille de Bradwardine. Le vieillard prit alors la coupe encore pleine, et la vida avec courtoisie à la santé du voyageur.

Après la cérémonie de cette santé, un signal de Fergus fit taire les cornemuses. — Mes amis, dit-il, où sont donc cachés les chants, que Mac-Murrough ne puisse les trouver?

Mac-Murrough, le barde de sa famille, vieillard à cheveux blancs, se leva aussitôt et se mit à chanter d'une voix tour à tour lente et rapide, une longue suite de vers celtiques qui furent accueillis avec les applaudissemens de l'enthousiasme. Sa verve allait en augmentant : il avait d'abord tenu les yeux baissés; il les promena fièrement autour de lui, moins pour demander que pour commander l'attention; ses gestes n'étaient pas moins sauvages et passionnés que ses accens. Édouard l'observait avec le plus vif intérêt. Il crut comprendre qu'il déplorait la fin des guerriers morts, qu'il invoquait les absens, qu'il encourageait et excitait ceux qui l'écoutaient ; il crut même distinguer son nom : ce qui le confirma dans cette idée, c'est que tous les yeux se tournèrent vers lui par un mouvement spontané. L'enthousiasme du poète s'était communiqué à tous les convives ; leurs figures sauvages, brunies par le soleil, prirent un air plus imposant et plus animé. Ils se levèrent et vinrent se placer autour du poète, levant les mains dans une espèce d'extase, ou les portant à la garde de leurs claymores. Lorsque le barde eut fini de chanter, le plus profond silence régna pendant quelque temps dans toute la salle ; le poète et les auditeurs se calmèrent, et chacun reprit son caractère habituel.

Fergus, qui, pendant cette scène, s'était bien plus occupé du soin d'examiner les émotions que produisait le barde que de les partager, remplit de vin de Bordeaux une petite coupe d'argent : — Portez cela à Mac-Murrough, dit-il à un serviteur ; lorsqu'il aura avalé la liqueur, priez-le d'accepter la coupe pour l'amour de Vich Ian Vohr. — Le présent fut reçu avec une profonde reconnaissance. Après avoir bu le vin, le barde baisa la coupe, et la plaça respectueusement dans son manteau, croisé devant sa poitrine ; ensuite il chanta de nouveau, sans doute, comme le pensa Édouard, pour remercier le chef de ce don magnifique. Ce chant spontané fut applaudi, mais ne produisit pas le même effet que le premier. On voyait bien cependant que le clan approuvait hautement la générosité du chef. Plusieurs toasts gaëliques furent alors proposés ; Fergus en traduisit quelques-uns à son hôte de la manière suivante :

— A celui qui ne tourne jamais le dos ni à son ami ni à son ennemi !

— A celui qui n'abandonna jamais un camarade !

— A celui qui n'a jamais vendu ni acheté la justice !
— Hospitalité au banni et des coups aux tyrans !
— Aux hommes qui portent le kilt (1).
— Highlanders ! épaule contre épaule (2).

Édouard aurait bien voulu connaître le sens de ce poëme qui avait produit tant d'effet sur les convives ; il fit part de sa curiosité à son hôte. — Comme je remarque, lui répondit Fergus, que la bouteille a passé plusieurs fois devant vous sans que vous l'arrêtiez, j'allais vous proposer d'aller prendre le thé avec ma sœur ; elle est mieux à même que moi de satisfaire votre curiosité. Quoique je ne veuille pas gêner la joie de mon clan dans un jour de fête, je ne prétends point me condamner à l'imiter dans ses excès : et, ajouta-t-il en riant, — je n'entretiens pas un ours pour dévorer l'intelligence de qui peut en faire bon usage (3).

Édouard n'hésita pas, il accepta de suite l'offre qui lui était faite. Fergus, après avoir dit quelques mots à ceux qui étaient autour de lui, sortit de table, et Waverley le suivit. La porte était à peine fermée sur eux, que la salle retentit de toasts portés en l'honneur de Vich Ian Vohr : ces expressions de la reconnaissance et du dévouement se prolongèrent long-temps, et prouvèrent à Waverley combien son hôte était aimé de ses convives.

(1) Jupon du costume national. — Éd.
(2) C'est-à-dire, Épaulez-vous les uns les autres ! serrez vos rangs ! soyez unis ! etc. — Éd.
(3) Allusion épigrammatique à l'ours de Bradwardine. — Éd.

CHAPITRE XXI.

La sœur du chef.

L'appartement de Flora Mac-Ivor était meublé de la manière la plus simple; car à Glennaquoich, on s'était fait une loi de s'interdire toutes les dépenses de luxe, afin que le chef eût toujours les moyens d'exercer noblement l'hospitalité et d'augmenter le nombre de ses partisans et de ses vassaux. On ne remarquait pas la même parcimonie dans son costume : sa parure était à la fois élégante et riche ; on reconnaissait les modes françaises jusque dans le simple habillement des Highlands, et le goût y avait présidé. Ses cheveux n'étaient point défigurés par le fer du coiffeur, et tombaient sur ses épaules en longues boucles couleur de jais, retenues seulement par un bandeau enrichi de diamans : elle n'avait adopté ce genre de coiffure que pour ne pas heurter les idées des Highlanders qui ne peuvent souffrir qu'une femme ait la tête couverte avant le mariage.

Flora Mac-Ivor avait une ressemblance frappante avec Fergus, au point qu'ils auraient pu jouer Sébastien et Viola (1), et produire le même effet que mistress Henry Siddons (2) et son frère, dans ces deux rôles. Ils avaient le même profil régulier et antique, les mêmes yeux noirs, les mêmes cils, les mêmes sourcils et le même teint, si ce n'est que celui de Fergus était bruni par le soleil, et celui de Flora plus délicat; mais l'air fier et un peu sévère de Fergus avait un charme de douceur et de beauté dans les traits de Flora : leurs voix avaient le même son, mais une accentuation différente; celle de Fergus, surtout lorsqu'il commandait ses montagnards pendant leurs évolutions militaires, rappelait à Waverley un passage souvent applaudi de la description d'Émétrius :

> De sa voix les mâles accens
> Égalaient du clairon les sons retentissans.

Celle de Flora, au contraire, était douce et tendre, — « don exquis chez une femme; »—mais si elle traitait un sujet intéressant, ce qu'elle faisait souvent avec une

---

(1) Dans la *Soirée des rois*, de Shakspeare, où Viola prend le costume de son frère, et se fait passer pour lui à la cour du duc, etc. — Éd.

(2) Il ne s'agit point ici de la reine tragique, miss Siddons, mais de mistress Henry Siddons, actrice d'Édimbourg, qui n'est pas indigne de porter ce nom. M. Henry Siddons n'existe plus, mais sa sœur est encore à Édimbourg où elle est *aimée* comme actrice, et *estimée* comme femme. — Éd.

éloquence naturelle, cette voix possédait les sons qui en imposent et frappent de conviction aussi bien que ceux d'une persuasion insinuante. Ce regard ardent de l'œil noir et vif du chef qui exprimait même l'impatience contre un obstacle matériel, avait dans les yeux de Flora une grace pensive; — les regards du frère semblaient demander la gloire, le pouvoir, et tout ce qui pouvait l'élever au-dessus du reste des hommes, tandis que ceux de sa sœur, comme si elle avait la conscience d'une supériorité d'intelligence, semblaient plaindre plutôt qu'envier ceux qui cherchaient une distinction moins noble. Ses sentimens étaient d'accord avec l'expression de sa physionomie. Sa première éducation l'avait pénétrée, ainsi que son frère, du plus sincère attachement pour la famille des Stuarts. Elle était persuadée que c'était une obligation sacrée pour son frère, pour son clan, et pour tout habitant de la Grande-Bretagne, de braver tous les dangers, et de faire tous les sacrifices afin de seconder les projets auxquels les partisans du Chevalier de Saint-Georges n'avaient jamais renoncé. Pour cette cause, elle était disposée à tout souffrir, à tout sacrifier. Son loyalisme (1), s'il était plus fanatique que celui de son frère, était aussi plus pur. Accoutumé aux petites intrigues, et nécessairement engagé dans mille discussions d'amour-propre, Fergus était aussi ambitieux naturellement, et sa foi politique avait une légère teinte d'intérêt personnel, pour ne rien dire de plus. S'il eût tiré la

(1) Mot en quelque sorte historique en Angleterre comme synonyme de royalisme. Le mot *loyauté* n'ayant pas ce sens en français, nous lui avons substitué un mot qui s'en rapproche, sans avoir l'intention de mettre en doute la loyauté des royalistes d'aucun pays. — ÉD.

claymore du fourreau, il aurait été difficile de décider s'il avait plus d'envie de faire de Jacques Stuart un roi, qu'un comte de Fergus Mac-Ivor : il n'osait, il est vrai, s'avouer à lui-même ce mélange de sentimens, mais il n'en existait pas moins.

Dans le cœur de Flora, au contraire, la flamme du royalisme brûlait pure et désintéressée ; elle n'aurait pas plus méprisé de faire de la religion un masque pour couvrir des projets d'ambition, que de mêler la moindre vue d'intérêt ou d'amour-propre aux opinions qu'on lui avait inspirées comme du patriotisme. Ces exemples de dévouement n'étaient pas rares chez les partisans de cette malheureuse famille, et le lecteur peut s'en rappeler plusieurs de mémorables. Les attentions particulières du Chevalier de Saint-Georges et de son épouse pour la famille de Fergus et de Flora, et pour eux-mêmes quand ils étaient devenus orphelins, avaient donné plus de force à leur fidélité. Fergus, à la mort de ses parens, avait servi la princesse en qualité de page d'honneur. La vivacité de son esprit, et sa bonne mine, lui valurent d'être traité par elle avec une sorte de distinction, et il avait de là passé deux ans dans sa maison. Sa sœur était entrée dans un des couvens de France les plus renommés, et y avait été entretenue aux frais de la princesse : Fergus et Flora conservaient l'un et l'autre le plus tendre souvenir de cette bienveillance.

Après avoir fait connaître le trait dominant du caractère de Flora, je puis esquisser plus rapidement le reste. La nature l'avait richement douée, et elle avait acquis ces manières élégantes qu'on s'attend à trouver dans une personne qui, dès sa plus tendre jeunesse, a été la compagne d'une princesse ; mais elle n'avait point appris à substituer le vernis de la politesse à une sensibilité réelle. Lorsqu'elle se vit établie dans les déserts de Glennaquoich, elle sentit que les connaissances qu'elle avait dans les littératures française, anglaise et italienne, deviendraient pour elle des ressources rares et interrompues. Pour remplir son temps d'une manière utile, elle consacrait une partie de ses soins à la musique et aux traditions poétiques des Highlanders. Elle trouva bientôt dans cette étude un plaisir réel, et que son frère, moins sensible aux jouissances littéraires, affectait, dans le but de se populariser, bien plus qu'il ne le goûtait comme elle. En effet elle s'adonna avec d'autant plus d'ardeur à ses recherches, qu'elle s'aperçut qu'elle charmait par-là ceux à qui s'adressaient ses questions.

L'amour de son clan, amour qui était presque héréditaire dans son cœur, était, comme son loyalisme, une passion plus pure que celui de son frère. Fergus était un politique trop profond, il regardait trop son influence de chef comme un moyen d'agrandissement personnel, pour que nous le citions comme un modèle d'un chieftain des Highlands. Flora avait la même sollicitude pour étendre leur souveraineté patriarcale ; mais c'était avec le désir généreux d'arracher à la misère, ou du moins aux privations, et à la tyrannie étrangère, ceux que son frère, selon les idées du pays et du temps, était appelé à gouverner par droit de naissance.

Elle recevait une petite pension de la princesse Sobieski (1). Ses épargnes étaient consacrées à procurer

(1) C'était la petite-fille du grand Sobieski. Son père, Jacques Sobieski, encourut la disgrace de l'Autriche pour avoir consenti à son mariage avec le Prétendant ; elle fut même arrêtée en 1719, à Inspruck, par les ordres de l'empereur, et ne rejoignit Charles-Édouard à Rome qu'en s'évadant. — Éd.

aux membres de son clan, nous ne dirons pas le confortable (ce mot ne fut jamais connu des montagnards), mais les secours de première nécessité pour les malades et les vieillards infirmes. Les autres membres du clan aimaient mieux, par leur travail, se mettre à même de payer une redevance volontaire à leur chef, que de lui devoir d'autres secours que ceux de l'hospitalité simple de son château, et la division et subdivision générales de ses domaines entre eux. Ils avaient un si grand attachement pour Flora, que Mac-Murrough ayant dit dans un de ses chants où il énumérait les beautés du canton : — *Que la meilleure pomme pendait à la plus haute branche,* — il reçut en don des divers membres du clan plus d'orge qu'il n'en aurait eu besoin pour semer dix fois de suite son parnasse des Highlands, le clos du barde (the Bard's croft) comme on l'appelait (1).

La société de miss Mac-Ivor était extrêmement bornée, non moins par goût que par l'effet des circonstances. Miss Rose de Bradwardine avait été son amie la plus intime, et lorsqu'elles étaient ensemble, elles pouvaient offrir à un peintre deux modèles charmans, l'une pour la muse de la gaieté, et l'autre pour celle de la mélancolie. En effet Rose était si tendrement aimée de son père, le cercle de ses désirs était si étroit, elle éprouvait si peu de contrariétés, que tout en elle devait

(1) Le barde avait en propriété un champ héréditaire; et nous verrons, dans l'*Old Mortality,* le joueur de cornemuse Niel posséder à ce titre un champ de cinq acres d'étendue, appelé le *piper's croft*, le clos du joueur de cornemuse. Dans la *queue* d'un chef, le *Bard* et le *Piper* étaient non-seulement *propriétaires*, mais gentilshommes. — ÉD.

porter le caractère d'un contentement habituel. Il n'en était pas de même pour Flora : dès son enfance elle avait éprouvé les vicissitudes de la fortune; elle était tombée de la splendeur et du luxe dans la solitude et dans une sorte de pauvreté, comparativement au genre de vie qu'elle avait mené auparavant. Ses idées, ses vœux secrets, ses craintes, ses inquiétudes sur les événemens politiques, devaient nécessairement lui avoir donné un caractère grave et réfléchi, quoiqu'elle se prêtât de bon cœur à contribuer par ses talens à l'amusement de la société. Elle était au premier rang dans l'estime du vieux baron, qui aimait à chanter avec elle ces duos français qui étaient à la mode au commencement du règne de Louis-le-Grand, tels que celui de *Lindor et Chloris*, etc.

On était généralement persuadé, quoiqu'on se gardât bien d'en faire la moindre mention au baron de Bradwardine, que les démarches de Mac-Ivor pour se réconcilier avec lui étaient dues aux prières de Flora. Elle attaqua Fergus par son côté faible, en lui représentant qu'il y aurait peu de gloire pour lui à triompher d'un vieillard; et qu'en poussant les choses à l'extrême, il risquait de faire tort à sa cause, comme aussi de compromettre la réputation de prudence si nécessaire à un chef politique. Ces considérations, qui étaient d'accord avec un plan ultérieur de Fergus, l'emportèrent sur son ressentiment, et prévinrent un combat qui paraissait inévitable, soit parce que le sang du clan d'Ivor avait été déjà répandu par les mains du baron, soit parce que Fergus allait jusqu'à être jaloux de la réputation que le vieillard avait de manier l'épée avec une grande adresse.

Ce fut à cette jeune lady qui présidait à l'empire féminin de la table à thé (1), que Fergus présenta le capitaine Waverley. Il en fut reçu avec toutes les marques de politesse que l'usage commande.

(1) On sait de quelle importance est dans la Grande-Bretagne l'art de faire le thé, et la distribution de cette infusion, qui fait partie en effet des attributs de la maîtresse de maison. — Éd.

CHAPITRE XXII.

Poésie des Highlands.

Après les complimens ordinaires, Fergus dit à sa sœur : — Ma chère Flora, avant que je retourne pour remplir le cérémonial barbare de nos ancêtres, je suis bien aise de vous apprendre que le capitaine Waverley est un admirateur de la Muse celtique, et d'autant plus peut-être qu'il ne comprend pas son langage. Je lui ai dit que vous aviez un talent extraordinaire pour traduire la poésie des Highlands, et que Mac-Murrough admirait vos traductions, d'après le même principe de l'admiration du capitaine, parce qu'il ne les comprend pas. Auriez-vous la complaisance de lire ou de réciter à notre hôte, en langue anglaise, cette nomenclature étrange de noms que notre barde a réunis dans sa chanson gaëlique? Je parierais ma vie contre une plume de grouse que vous en avez fait une version; sachant bien que vous êtes la conseillère constante du barde, et qu'il vous communique ses poëmes, avant de les rendre publics.

— Comment pouvez-vous parler ainsi, Fergus? vous savez bien que ces sortes de chants ne peuvent intéresser en aucune manière un étranger, et surtout un Anglais, même en supposant que je les eusse traduits, comme vous le prétendez.

— Ils ne l'intéresseront pas moins qu'ils m'intéressent moi-même, belle lady. Aujourd'hui vos productions (je persiste à dire que vous êtes de moitié dans la composition du barde) m'ont coûté la dernière coupe d'argent qu'il y eût dans le château, et je présume qu'elles me coûteront quelque autre chose la première fois que je tiendrai *cour plénière*, si la muse descend sur Mac-Murrough.... Vous connaissez le proverbe : — Lorsque la main du chef ne donne rien, le souffle du barde se glace sur ses lèvres. — Je désire que cela arrive bientôt.... Il y a trois choses tout-à-fait inutiles pour un Highlander de nos jours : l'épée qu'il ne doit plus tirer, les chants qui célèbrent des actions qu'il n'ose plus imiter, et une large bourse de peau de bouc qui ne contient pas un seul *louis d'or* (1).

— Eh bien! mon frère, puisque vous ne gardez pas mieux mes secrets, je ne me ferai pas le moindre scrupule de révéler les vôtres.... Je puis vous assurer, capitaine Waverley, que mon frère ne troquerait pas sa claymore contre un bâton de maréchal; que Mac-Murrough est à ses yeux un poète bien au-dessus d'Homère, et qu'il ne donnerait pas sa bourse de cuir pour tous les louis d'or qu'elle pourrait contenir....

(1) La bourse en peau de bouc a été déjà décrite dans le costume du Highlander. — Éd.

— Très-bien riposté, Flora, c'est coup pour coup, comme Conan disait au diable (1).... Mais je vous laisse tous deux parler de poésie et de bardes, sinon de bourses et de claymores, tandis que je vais faire les derniers honneurs du repas aux sénateurs de la tribu d'Ivor. A ces mots, il sortit.

La conversation continua entre Flora et Waverley, car deux jeunes femmes bien vêtues, et qui paraissaient destinées à faire société à miss Ivor autant qu'à la servir, n'y prirent pas la moindre part. Quoiqu'elles fussent toutes les deux très-jolies, elles ne pouvaient que mieux faire ressortir la beauté de leur maîtresse. La conversation roula sur le sujet que Fergus avait entamé, et Waverley n'éprouva pas moins de plaisir que de surprise dans tout ce qu'il apprit concernant la poésie celtique.

— Ces poëmes, dit Flora, qui célèbrent les exploits des héros, les peines des amans, et les guerres des tribus ennemies, sont le principal amusement du coin du feu

(1) Fergus ne cite ici qu'une partie d'un vieux proverbe gaëlique : *Claw for claw and the devil take the shoratest nails. Griffe pour griffe, et que le diable prenne celui qui a les ongles les plus courts!* Conan était un des héros de Fingal, brave jusqu'à la témérité. Ses exploits dans le monde invisible sont également fameux. Il se rendit entre autres à Surna, ou l'île glacée, semblable à la caverne d'Hela dans la mythologie scandinave, habitée par des êtres infernaux. A son départ, Conan se vit assailli par un des démons, qui lui donna un coup : mais Conan le lui rendit. Cet outrage, fait à un de ces immortels, mit toute une légion aux prises avec Conan. Le guerrier n'en fut pas effrayé : en les voyant accourir, il s'écria : — Griffe pour griffe (coup pour coup), et le diable prenne celui qui aura les ongles les plus courts. — Conan, dit-on, eut du moins les mains les plus longues et les plus infatigables; car il frappa si bien et si long-temps que les diables eurent le dessous. — Éd.

d'hiver dans les Highlands. Quelques-unes de ces poésies sont très-anciennes, dit-on, et si jamais elles sont traduites dans la langue d'une des nations civilisées d'Europe, elles ne peuvent manquer de produire la plus grande sensation (1). Il en est d'une date plus récente; elles sont l'ouvrage de ces bardes que les chefs les plus nobles et les plus puissans entretiennent à titre de poètes et d'historiens de leurs tribus. Leurs ouvrages ne manquent pas de mérite, mais le génie poétique s'évapore dans la traduction, ou il est perdu pour ceux qui ne sympathisent pas avec les sentimens du poète.

— Et votre barde, dont les chants ont produit tant d'effet sur l'assemblée aujourd'hui, est-il compté parmi les favoris de la muse des montagnes?

— Votre question est embarrassante : sa réputation est grande chez ses compatriotes, et ce n'est pas à moi de déprécier sa réputation.

— Mais son chant, miss Mac-Ivor, a paru enthousiasmer tous les guerriers, jeunes ou vieux.

— Ce chant n'est pour ainsi dire que le catalogue des noms des différens clans des Highlands, avec leurs particularités distinctives, et une exhortation à se souvenir des actions de leurs pères pour les imiter.

— Mais quelque étrange que soit cette conjecture, ai-je tort de croire qu'il y avait quelque allusion à mon nom dans ces vers?

— Vous êtes doué d'une grande perspicacité qui ne vous a pas trompé dans cette occasion, capitaine Waverley. La langue gaëlique étant extraordinairement vocale et très-propre à la poésie d'improvisation, un

(1) Il y a ici une allusion aux poésies ossianiques, recueillies depuis et peut-être *arrangées* par Macpherson. — Éd.

barde manque rarement d'ajouter à l'effet d'un chant préparé, en y intercalant quelques stances que lui suggèrent les circonstances du moment où il récite sa composition.

— Je donnerais mon plus beau cheval pour savoir ce que le barde des Highlands a pu dire d'un indigne habitant du sud tel que moi (1).

— Il ne vous en coûtera pas un seul de ses crins. — Una, *Mavourneen !* Elle adressa quelques mots à une de ses jeunes suivantes, celle-ci fit une profonde révérence et sortit en courant.

— Je viens de charger Una, dit Flora, d'aller demander au barde les expressions dont il s'est servi, et je vous offre mon talent de drogman (2). — La jeune fille rentra presque aussitôt, et répéta à sa maîtresse quelques vers en langue gaëlique. Flora parut y rêver un moment.

— Capitaine Waverley, dit-elle ensuite, en rougissant, il m'est impossible de satisfaire votre curiosité, sans m'exposer à vous faire rire de ma présomption. Si vous voulez avoir la complaisance de me permettre de me recueillir pendant quelque minutes, j'essaierai d'encadrer tant bien que mal les vers qu'Una vient de me réciter dans une traduction anglaise que j'ai faite d'une partie de l'original. Les cérémonies de la table à thé sont terminées ; et, comme la soirée est fort agréable, Una vous conduira dans une de mes retraites solitaires, où je ne tarderai pas à me rendre avec Cathleen.

(1) Un Anglais est un méridional par rapport à l'Écosse, *a southern.* — Éd.

(2) Interprète. Flora se sert en riant de ce terme diplomatique. — Éd.

Una, ayant reçu les instructions de sa maîtresse en langue gaëlique, fit sortir notre voyageur par un autre passage que celui qui l'avait introduit dans l'appartement; il entendit en passant le son des cornemuses et les applaudissemens des convives qui ébranlaient encore la salle du festin. Una et Waverley, ayant gagné la campagne par une poterne, marchèrent quelque temps dans la vallée sauvage et étroite où était situé le manoir, en suivant le cours de la petite rivière qui y serpentait. A un quart de mille environ du château, se réunissaient les deux ruisseaux qui formaient, par leur jonction, cette petite rivière. Le plus considérable des deux descendait au fond de la vallée, qui paraissait s'étendre assez également jusqu'aux montagnes, dernière perspective de l'horizon. L'autre prenait sa source au milieu des montagnes, à gauche du strath, et paraissait sortir d'une espèce d'antre qui séparait deux énormes rochers. Ces deux ruisseaux différaient aussi de caractère: le premier était paisible et même lent dans son cours, revenant tantôt sur lui-même ou paraissant se reposer dans de larges bassins bleus; mais le second et le plus petit était rapide et furieux en sortant des précipices, tel qu'un homme en délire qui s'échappe de sa prison en écumant, et avec des cris de rage.

Ce fut vers la source de ce dernier ruisseau que Waverley, en chevalier de roman, fut conduit par la belle demoiselle des montagnes, son guide silencieux. Un petit sentier, auquel on avait fait quelques réparations afin de le rendre plus commode pour Flora, les amena dans un paysage bien différent de celui qu'ils venaient de quitter. Autour du château, tout était froid, nu, triste et solitaire, sans grandeur; mais ce petit glen, à une si courte distance semblait l'entrée du royaume de féerie. Les rochers prenaient mille formes particulières et variées. Dans un endroit un énorme roc opposait sa masse gigantesque comme pour défendre le passage, et ce ne fut qu'à sa base même, que Waverley découvrit le brusque détour du sentier qui tournait autour de ce formidable obstacle. Ailleurs les rochers, en se projetant de chaque côté de cette gorge, se rapprochaient tellement, que deux pins placés en travers et couverts de tourbe et de gazon, y formaient un pont rustique sans parapet, de cent cinquante pieds de hauteur, sur trois de large.

Ce pont périlleux ne paraissait qu'une ligne noire tracée sur l'azur de l'étroite circonférence de l'atmosphère que les flancs des rochers laissaient apercevoir. En y jetant les yeux, Waverley frissonna, surtout en voyant paraître Flora et sa suivante, qui, semblables à des créatures aériennes, posaient le pied sur ce tremblant appui. Flora, à l'approche de Waverley, s'arrêta au milieu du pont, et, d'un air plein de grace et d'aisance, le salua avec son mouchoir. Édouard, comme étourdi du danger de la situation de Flora, ne put lui rendre son salut, et il ne reprit ses sens que lorsqu'il eut vu cette charmante apparition passer de l'autre côté, après avoir franchi le pont précaire qu'elle semblait fouler avec tant d'indifférence.

Waverley s'avança alors, et passa sous ce pont dont la vue lui avait causé tant de frayeur. Le sentier devenait de plus en plus rapide à mesure qu'il s'éloignait de la rive du ruisseau : et le glen aboutissait à un amphithéâtre rustique, entouré de bouleaux, de jeunes chênes, de noisetiers, et de quelques ifs épars çà et là. Les rochers s'écartaient de plus en plus, mais en montrant toujours leurs cimes grises ou sombres à travers la verdure des taillis. Plus loin s'élevaient d'autres pics, les uns chauves, les autres couronnés de bois ; ici arrondis en coupoles et revêtus de la fleur pourpre des bruyères, là hérissés de saillies inégales. Après avoir fait un détour, Waverley se trouva en face d'une cascade pittoresque ; elle se faisait moins remarquer par la hauteur de sa chute et le volume de ses eaux, que par les accidens variés de ses environs. Après une chute de trente pieds de hauteur, l'eau tombait dans un vaste bassin formé par la nature ; et, là où disparaissaient les nombreux globules qui couvraient sa surface, elle était si limpide, que malgré sa profondeur, on apercevait le plus petit caillou de son lit. En sortant de cette espèce de réservoir, le ruisseau coulait assez paisiblement sur un espace de plusieurs toises, se précipitait de nouveau et paraissait chercher l'abîme ; il en sortait ensuite à travers les rochers que son passage continuel avait polis, errait en murmurant dans le vallon et allait former la rivière que Waverley venait de remonter. Les alentours de ce bassin pittoresque n'avaient pas moins de charmes ; mais c'étaient des sites dont la beauté avait quelque chose de plus sévère et d'imposant. Des bancs de gazon étaient placés irrégulièrement entre les blocs de rochers surmontés de buissons et d'arbustes. Flora en avait fait planter quelques-uns, mais avec tant d'art, qu'ils ajoutaient à la grace du paysage, sans lui rien ôter de ses attraits sauvages.

Ce fut là que Waverley aperçut Flora occupée à contempler la cascade, et telle qu'une de ces figures ravissantes qui décorent les paysages du Poussin. Cathleen, à deux pas de sa maîtresse, portait une petite harpe écossaise : Flora avait reçu des leçons de Rory-Dall, un des derniers harpistes des Western-Highlands (1). Le soleil en ce moment était à son déclin, et ses rayons, qui coloraient de mille nuances variées les objets qui s'offraient aux regards de Waverley, donnaient plus d'expression aux beaux yeux noirs de Flora, en faisant ressortir la blancheur de son teint, la grace et la dignité de sa taille. Édouard se dit à lui-même, que jamais les rêves de son imagination ne lui avaient donné l'idée d'une femme aussi belle et aussi intéressante; il y avait dans la beauté de cette retraite une sorte de magie qui ajoutait au sentiment de respect et de plaisir avec lequel il s'approcha d'elle comme d'une enchanteresse de Boyardo ou de l'Arioste, dont la baguette semblait avoir créé un paradis dans le désert.

Flora, comme toute jolie femme, n'ignorait pas le pouvoir de ses charmes, et se plaisait à en remarquer l'effet; elle s'aperçut du trouble et de la crainte respectueuse du jeune officier; mais douée d'un tact exquis, elle attribua une partie de l'émotion d'Édouard à la poésie d'un tel lieu et à d'autres circonstances accidentelles. Comme elle ne connaissait pas le caractère de Waverley, il est possible qu'elle ne regardât l'hommage qu'il lui rendait que comme ce tribut passager qu'une femme même inférieure à elle en attraits, aurait pu en

(1) Roderic Morison, appelé Rory Dall ou Rory l'Aveugle, vivait sous le règne de la reine Anne avec la double fonction de barde et de harpiste de la famille des Macleod de Macleod. La tradition a conservé plusieurs de ses poésies. Depuis long-temps la harpe a cessé d'être cultivée par les Highlanders. Il est à supposer que les bardes étaient généralement des harpistes. Les *Western-Islands*, ou îles occidentales de l'Écosse, avaient toujours eu des bardes renommés. Voyez les notes du *Lord des Iles*. — Éd.

attendre dans une situation semblable. Elle quitta les bords du bassin et se dirigea vers un bosquet assez éloigné pour que le bruit de la cascade, sans couvrir le son de la harpe, parût plutôt lui servir d'accompagnement. Elle s'assit sur un fragment de rocher couvert de mousse, et prit l'instrument des mains de Cathleen.

— Capitaine Waverley, dit-elle, je vous ai donné la peine de venir jusqu'ici, parce que j'ai cru que le paysage pourrait vous intéresser, et vous rendre plus indulgent pour mon imparfaite traduction, qui a besoin de tous ces accompagnemens sauvages. — La muse celtique, pour me servir des expressions poétiques de nos bardes, se plaît dans la vapeur de la colline solitaire et silencieuse; et sa voix aime à se mêler au murmure des eaux; celui qui veut lui rendre un culte, doit aimer le rocher aride plus que la vallée fertile, et la solitude du désert plus que les pompes du salon.

Peu de personnes auraient pu entendre cette femme charmante s'exprimer ainsi d'une voix que l'émotion rendait si harmonieuse, sans s'écrier que la muse qu'elle invoquait ne serait jamais représentée par une beauté plus digne d'elle. Waverley y pensa, mais il n'eut pas la force de le dire; les sons plaintifs que Flora tira de sa harpe, en préludant, le plongèrent dans une espèce d'extase presque douloureuse. Il n'aurait pas quitté sa place auprès d'elle pour toutes les richesses de la terre; cependant il lui tardait d'être seul, pour définir les sentimens impétueux et confus qui l'oppressaient.

Flora remplaça le récitatif monotone du barde par un air mélancolique et doux des Highlands, qui dans d'anciens temps avait été une marche guerrière. A quelques sons irréguliers succéda un prélude d'un caractère sauvage et particulier, qui était en harmonie avec le bruit lointain de la cascade et le frémissement des feuilles d'un tremble, dont l'ombrage se balançait sur le siège où était assise la belle harpiste. Les stances que nous allons citer ne donneront qu'une bien faible idée de l'impression qu'elles firent sur le cœur de Waverley, chantées et accompagnées comme elles le furent.

Par de noires vapeurs nos monts sont obscurcis ;
Mais le sommeil du Gaël est bien plus sombre encore.
L'étranger l'a vaincu.... Son joug le déshonore....
Tous les cœurs sont glacés, tous les bras sont flétris.

La targe et le poignard sont rongés par la rouille.
Des claymores jadis le sang rougit l'acier....
Hélas! c'est la poussière aujourd'hui qui les souille ;
Nos armes ne sont plus funestes qu'au gibier.

Bardes, de nos aïeux ne chantez plus la gloire ;
Ce serait offenser leurs fils dégénérés :
Bardes, restez muets.... par des chants de victoire
Vous feriez trop rougir leurs fronts déshonorés.

Mais bientôt sur nos monts reparaîtra l'aurore.
Déjà sur Glenala luit un rayon plus doux.
Voyez! de Glenfinnan le fleuve se colore,
La nuit et le sommeil sont enfin loin de nous.

Noble et vaillant Moray, venez, qui vous arrête ?
Déployez l'ÉTENDARD qui guidait nos aïeux ;
Qu'il brille sur nos clans tel qu'avant la tempête,
Brille un dernier rayon du monarque des cieux (1).

Fils des forts, quand pour vous cette clarté va luire,
Attendrez-vous encor l'hymne de nos vieillards ?
Ce signal suffisait sans les sons de leur lyre,
Quand de nos vieux guerriers il frappait les regards.

(1) Comparaison empruntée d'Ossian. — ÉD.

> Unissez vos vassaux sous les mêmes bannières,
> Petit-fils de ces rois dans Islay tout-puissans;
> Tels que les flots mêlés de trois fougueux torrens,
> Renversez l'ennemi, renversez ses barrières.
>
> Vrai fils de sir Evan, Lochiel indompté (1),
> Prends ta targe, et polis l'acier de ta claymore;
> Et toi, fais retentir au loin ton cor sonore....
> Keppoch, rappelle-toi ton père redouté.
>
> Descendans de Fingon, dont la race guerrière
> Fut féconde en martyrs aussi-bien qu'en soldats,
> Vous, fils de Rorri-More, arborez sur vos mâts,
> L'espoir de nos marins, votre illustre bannière.
>
> Mac-Shimey, vous avez une injure à venger,
> Alpine fut trahi.... Tout son sang fume encore.
> Enfans du brun Dermid, amoureux du danger,
> Soyez dignes toujours du noble Callum-More.

Flora fut interrompue par les caresses importunes d'un lévrier qui venait d'arriver; un coup de sifflet se fit entendre, et le docile animal redescendit le sentier avec la rapidité de l'éclair.

— C'est le fidèle compagnon de mon frère, dit-elle; ce sifflet est son signal, il ne tardera pas à paraître; il n'aime pas la poésie, et vous devez vous féliciter de son arrivée, capitaine Waverley; elle vous épargnera l'ennui d'entendre l'énumération de toutes nos tribus, qu'un de vos impertinens poètes anglais appelle

> Une troupe de gueux tout fiers, sous leurs haillons,
> De porter le mot MAC au-devant de leurs noms (2).

(1) Evan Lochiel combattait en cheveux blancs à la bataille de Killicrankie avec Claverhouse, et il avait fait ses premières armes contre Cromwell. — Éd.

(2) Mac-Lean, Mac-Kensie, Mac-Gregor. Le mot gaëlique *Mac* signifie *fils de*. Il y a quelque analogie entre le *mac* des Écossais, et

Waverley lui témoigna combien il était fâché de cette interruption.

—Vous ne perdez pas grand'chose, lui dit Flora; vous eussiez entendu plusieurs stances en l'honneur de Vich Ian Vohr des Bannières, de ses rares qualités, et surtout de sa générosité et de son goût pour la poésie; vous eussiez entendu une apostrophe au fils de l'étranger aux blonds cheveux, qui vit dans le pays où le gazon est toujours vert; puis la description du coursier richement enharnaché, plus noir que le corbeau de nos montagnes, et dont le hennissement est comme le cri que pousse l'aigle avant le combat. On rappelle aussi au vaillant cavalier que ses ancêtres se distinguèrent par leur courage et par leur fidélité loyale.... Voilà ce que vous avez perdu; mais, puisque votre curiosité n'est pas satisfaite, et que je juge, par le son lointain du sifflet de mon frère, que j'ai le temps de vous chanter la conclusion, avant qu'il puisse m'entendre et s'en moquer, voici les dernières stances :

>Habitans de nos monts, habitans de nos îles,
>Vous ne serez point sourds à la voix de l'honneur.
>Ce cor n'appelle pas dans les bois le chasseur,
>Pour percer de ses traits les flancs des daims agiles.
>
>Non, ce signal s'adresse aux enfans des héros;
>A nos jeux sans périls nous reviendrons encore;
>Parez-vous de la targe et prenez la claymore.
>Il nous faut conquérir la gloire et le repos.
>
>Que l'épée en vos mains soit terrible et mortelle.
>Frappez les oppresseurs, brisez leur joug fatal;
>Imitez vos aïeux, compagnons de Fingal,
>Ou mourant, prenez part à leur gloire éternelle.

la particule *de*, en France. En Écosse on distingue un nom originaire des Highlands par le *mac* qui le précède? Le *mac* n'appartient pas aux noms des *Lowlands*. — Éd.

CHAPITRE XXIII.

Waverley prolonge son séjour à Glennaquoich.

Flora terminait à peine son chant, que Fergus parut. — Je savais bien, dit-il, que je vous aurais trouvée ici, même sans mon ami *Bran* (1). Je vous avoue franchement que je préfère les superbes jets d'eau de Versailles à cette cascade, en dépit de ces rochers et du bruit des eaux; mais c'est ici le Parnasse de Flora, capitaine Waverley; cette source est son Hippocrène. Elle rendrait un bien grand service à ma cave, si elle pouvait faire connaître les vertus de cette onde chérie à Mac-Murrough son collaborateur. Il m'a bu plus d'une pinte de whisky, pour corriger, disait-il, la froideur du vin de Bordeaux,

(1) C'était aussi le nom du chien d'Ossian. — Éd.

que son estomac ne peut digérer.... Voyons, que j'éprouve moi-même les vertus de cette onde.

Il en remplit le creux de sa main, et se mit à chanter d'un air tout-à-fait théâtral :

> *O lady of the desert, hail !*
> *That lovest the harping of the Gael;*
> *Through fair and fertile regions borné,*
> *Where never yet grew grass or corn* (1).

Je sens que la langue anglaise ne saurait peindre les beautés de cet Hélicon écossais; voyons si la langue française me secondera mieux : — *Allons, courage!*

> O vous, qui buvez à tasse pleine,
> A cette heureuse fontaine,
> Où on ne voit sur le rivage
> Que quelques vilains troupeaux,
> Suivis de nymphes de village
> Qui les escortent sans sabots.... (2).

— Trève, cher Fergus, je vous en prie, dit Flora, faites-nous grace de vos insipides personnages d'Arcadie; nous n'avons que faire de vos Corydons et de vos Lindors.

— Puisque vous n'aimez ni *la houlette ni le chalumeau*, je vais emboucher la trompette héroïque.

— En vérité, cher Fergus, je suis tentée de croire que vous êtes bien plus inspiré par l'Hippocrène de Mac-Murrough que par la mienne.

(1) Je te salue, nymphe du désert! toi qui chéris la harpe du Gaël; toi qui naquis dans ces belles et fertiles contrées où ne croissent ni blé ni pâturage. — Tr.

(2) Ce couplet est cité *tel* par l'auteur. — Éd.

—Je le nie, *ma belle demoiselle*; j'avoue cependant que je lui donnerais la préférence. Quel est celui de ces poétiques romanciers d'Italie qui dit :

> *Io d'Elicona niente*
> *Mi curo, in fè di dio; che 'l bere d' acque.*
> *(Bea chi ber ne vuol) sempre mi spiacque* (1).

Si vous préférez le gaëlique, capitaine Waverley, la petite Cathleen va nous chanter *Drimmindhu*. Allons, *Astore* (ma chère), montrez votre belle voix à ce *Ceankinne* (à ce gentilhomme anglais).

Cathleen chanta d'une voix très-agréable une espèce de complainte burlesque d'un paysan, sur la perte de sa vache. Son ton comique fit rire Waverley plus d'une fois, quoiqu'il ne comprît pas un seul mot de la chanson.

— Admirable! Cathleen, lui dit Fergus, je veux te chercher un beau garçon dans le clan, pour en faire ton époux!

La pauvre fille sourit et puis rougit, et se cacha derrière sa compagne.

En revenant au château, Fergus pressa vivement Waverley de passer une quinzaine à Glennaquoich, pour voir une grande partie de chasse où plusieurs chefs des montagnes devaient se réunir. La mélodie et la beauté avaient fait une impression trop forte sur le cœur d'Édouard, pour qu'il n'acceptât pas avec plaisir une invitation si agréable. Il fut donc convenu qu'il écrirait au baron de Bradwardine pour l'informer de son projet, et pour le prier de lui envoyer, par le retour du messa-

(1) Je me soucie fort peu de l'Hélicon, sur ma foi! boive de l'eau qui voudra, elle m'a toujours déplu. — Tr.

ger (un *Gilly* du chef) les lettres qui seraient arrivées à son adresse.

La conversation roula naturellement sur le baron, que Fergus vanta beaucoup comme gentilhomme et comme militaire. Son caractère fut apprécié avec un tact plus délicat par Flora, qui remarqua qu'il offrait le véritable type de l'ancien cavalier écossais (1), avec ses singularités et ses vertus.

— C'est un caractère, capitaine Waverley, dit-elle, qui chaque jour disparaît parmi nous; car ce qu'il avait de plus heureux était ce respect de soi-même qu'on perd aujourd'hui. Les gentilshommes à qui leurs principes défendent de faire la cour au gouvernement actuel, négligés et humiliés, se conduisent en conséquence, contractent des habitudes tout-à-fait indignes de leur naissance, comme certaines personnes que vous avez vues à Tully-Veolan. L'implacable proscription de l'esprit de parti semble dégrader les victimes qu'elle poursuit même injustement. Espérons que des jours plus heureux ne tarderont pas à luire pour nous. L'Écosse verra ses gentilshommes cultiver les lettres, sans être pédans comme notre ami le baron; s'amuser à la chasse, sans avoir les goûts ignobles de Falconer; et s'occuper des perfectionnemens de l'économie rurale, sans devenir une brute sur deux pieds comme Killancureit.

Ainsi Flora prédisait une révolution que le temps a produite en effet, mais d'une manière bien opposée à ses espérances et à ses désirs.

Elle parla ensuite de l'aimable Rose comme d'une

(1) Cavalier est ici pris dans un sens politique. Nous trouverons aussi le type du Cavalier anglais dans *Sir Geoffrey Peveril du Pic*, et dans *Sir Henry Lee de Woodstock*. — Éd.

jeune personne remarquable par son esprit, sa grace et sa beauté.—Heureux! dit-elle, heureux celui qui parviendra à posséder le cœur de Rose Bradwardine! il aura trouvé un trésor inestimable. Toutes ses affections sont concentrées dans l'intérieur de sa maison; elle n'a d'autre plaisir que d'exercer dans le calme toutes les vertus domestiques. Son époux sera pour elle ce qu'est maintenant son père, l'objet de tous ses soins et de sa sollicitude; elle ne vivra et ne respirera que pour lui et par lui; si elle rencontre un homme vertueux et sensé, elle adoucira ses chagrins et doublera ses plaisirs. Si malheureusement elle tombait sous la loi d'un époux brutal, ou qui la négligerait, elle n'aurait pas long-temps à souffrir, car elle ne survivrait pas long-temps à son ingratitude. Combien il est à craindre que ma tendre amie ne devienne l'épouse de quelqu'un indigne d'elle! Oh! si j'étais reine, j'ordonnerais au plus aimable et au plus méritant des jeunes hommes de mes états, de recevoir le bonheur avec la main de Rose Bradwardine.

— En attendant, dit Fergus en riant, je voudrais bien vous entendre lui ordonner d'accepter la mienne.

Je ne saurais dire par quelle singularité ce souhait, exprimé sous la forme d'un badinage, porta le trouble dans le cœur de Waverley, quoiqu'il n'eût que de l'indifférence pour miss Bradwardine, et que Flora l'occupât tout entier; ce sont de ces mystères du cœur humain qu'il est impossible d'expliquer.

— Votre main, mon frère! répondit Flora en le regardant fixement... cela ne se peut pas... vous avez une fiancée... la Gloire! — et les dangers auxquels vous vous exposeriez pour cette rivale briseraient le cœur de la pauvre Rose.

Ils arrivèrent au château ; et Waverley prépara ses dépêches pour Tully-Veolan. Il savait combien le baron était pointilleux sur tout ce qui regarde l'étiquette ; il voulut poser les armes de sa famille sur sa lettre (1), mais il ne trouva pas son cachet à la chaîne de sa montre ; il fit part de sa perte à Fergus, et lui emprunta en même temps son cachet de famille.

— Il est possible, ajouta-t-il, que je l'aie laissé à Tully-Veolan.

— Certainement, dit miss Mac-Ivor, Donald Bean Lean n'aurait pas......

— Je réponds que ce n'est pas lui qui a volé le cachet, dit Fergus ; il n'aurait pas laissé la montre.

— Quoi qu'il en soit, Fergus, vous me permettrez de vous dire que je suis bien surprise que vous accordiez votre protection à cet homme.

— Ma protection ! cette chère sœur voudrait vous faire croire, capitaine Waverley, que je prends ce qu'on appelait autrefois un *Steakraid* (2), c'est-à-dire un morceau du foray (3), ou, pour parler plus clairement, une part du butin payé par le voleur au laird, ou chef sur les domaines duquel il apporte sa proie. Il est certain, capitaine, que, si je ne trouve pas le moyen d'enchaîner la langue de ma chère sœur, le général Blakeney enverra un de ces jours un sergent et un détachement de Stirling pour saisir Vich Ian Vohr, comme on me

(1) L'Anglais le *moins noble* tient à faire parade de ses armes sur le cachet de ses lettres. Les armoiries ne sont pas, en France même, exclusivement réservées à la noblesse. — Éd.

(2) *Steak*, morceau, *raid*, incursion. — Éd.

(3) *Foray*, synonyme de *raid*. Nous laissons les mots en écossais, pour expliquer le *c'est-à-dire* de Fergus. — Éd.

surnomme, et le faire enfermer dans sa citadelle. Il prononça ces mots avec une hauteur et une emphase ironiques.

— Notre hôte est bien persuadé que vous ne parlez pas sérieusement, reprit Flora : mais dites-moi : n'avez-vous pas assez de braves gens à votre service, sans souffrir que des bandits viennent s'établir sur vos terres ? Que ne chassez-vous ce Donald Bean Lean, que je déteste de tout mon cœur à cause de son hypocrisie et de sa duplicité, plus encore que pour ses rapines ? Rien au monde ne pourrait me décider à souffrir un homme semblable.

— *Rien au monde !* chère sœur, lui dit Fergus d'un ton très-expressif.

— Non, rien au monde, pas même l'espoir de servir le projet qui m'occupe jour et nuit : puisse le ciel nous épargner la honte d'être obligés d'employer des hommes pareils !

— Ma sœur, répondit Fergus en riant, vous oubliez mon respect pour la *belle passion ?* Evan Dhu Mac-Combich est amoureux d'Alix la fille de Donald ; vous n'exigerez pas de moi que je le trouble dans ses amours : il n'y aurait dans tout le clan qu'un cri d'indignation contre moi ; vous connaissez le vieux proverbe : — Un parent est une partie de notre corps, mais un frère de lait est une partie de notre cœur.

— Très-bien, cher Fergus, il est inutile de disputer avec vous ; mais je désire bien ardemment que tout se termine à votre satisfaction.

— Je vous remercie de votre souhait pieux, ma chère et prophétique sœur ; c'est là votre moyen le plus sûr de terminer une discussion ; mais entendez-vous le son des cornemuses, capitaine Waverley? peut-être aimerez-vous mieux danser que de vous laisser assourdir par leur musique sans prendre part aux exercices auxquels elle vous invite.

Waverley prit la main de Flora, et cette soirée se termina au château de Vich Ian Vohr par la danse et par d'autres passe-temps agréables. Édouard se retira, le cœur agité de mille sentimens contraires qui se combattaient dans son cœur, et qui, pendant quelque temps, l'empêchèrent de goûter le sommeil ; il s'abandonna à cet état de l'ame, qui n'est pas sans charme lorsque l'imagination prend le gouvernail et que la raison se laisse entraîner passivement plutôt que de chercher à lutter contre ses chimères, ou à les examiner de trop près ; il s'endormit enfin, et rêva de Flora Mac-Ivor.

FIN DU TOME PREMIER DE WAVERLEY.

ŒUVRES COMPLÈTES
DE
SIR WALTER SCOTT.

Cette édition sera précédée d'une notice historique et littéraire sur l'auteur et ses écrits. Elle formera soixante-douze volumes in-dix-huit, imprimés en caractères neufs de la fonderie de Firmin Didot, sur papier jésus vélin superfin satiné; ornés de 72 *gravures en taille-douce* d'après les dessins d'Alex. Desenne; de 72 *vues* ou *vignettes* d'après les dessins de Finden, Heath, Westall, Alfred et Tony Johannot, etc., exécutées par les meilleurs artistes français et anglais; de 30 *cartes géographiques* destinées spécialement à chaque ouvrage; d'une *carte générale de l'Écosse*, et d'un *fac-simile* d'une lettre de Sir Walter Scott, adressée à M. Defauconpret, traducteur de ses œuvres.

CONDITIONS DE LA SOUSCRIPTION.

Les 72 volumes in-18 paraîtront par livraisons de 3 volumes de mois en mois; chaque volume sera orné d'une *gravure en taille-douce* et d'un titre gravé, avec une *vue* ou *vignette*, et chaque livraison sera accompagnée d'une ou deux *cartes géographiques.*

Les *planches* seront réunies en un cahier séparé formant *atlas.*

Le prix de la livraison, pour les souscripteurs, est de 12 fr. et de 25 fr. avec les gravures avant la lettre.

Depuis la publication de la 3e livraison, les prix sont portés à 15 fr. et à 30 fr.

ON NE PAIE RIEN D'AVANCE.

Pour être souscripteur il suffit de se faire inscrire à Paris

Chez les Éditeurs:

A. SAUTELET ET Cᵒ,	CHARLES GOSSELIN, LIBRAIRE
LIBRAIRES,	DE S. A. R. M. LE DUC DE BORDEAUX,
Place de la Bourse.	Rue St.-Germain-des-Prés, n. 9.

www.ingramcontent.com/pod-product-compliance
Lightning Source LLC
Chambersburg PA
CBHW050329170426
43200CB00009BA/1514